「トランプ時代」の新世界秩序

三浦瑠麗

潮新書
006

潮出版社

まえがき

本書は、トランプ旋風が吹き荒れる中、新大統領の可能性や運動の底にある力学を探ってきた著者が、ドナルド・トランプ氏当選を受けてさらに論考を進めたものです。

昨年二〇一六年の夏までは誰もが半信半疑だったトランプ旋風が、なぜこれほど批判に耐え勝利したのか。多くのメディアや識者がトランプ氏に関して読み誤った理由は何だったのか。トランプ大統領の下での内政、外交はいったいどのようなことが起きるのか。疑問は尽きません。

これらの問いに対する答えをまとめてみて、実は、トランプ氏に対する私の考えが二〇一六年の三月のスーパーチューズデー前夜から驚くほど変わっていないことに気づきました。四月の外交演説も私には大きな印象を残しました。アメリカ史上最もアウトサイダー(門外漢)な大統領となったトランプ氏ですが、予備選の討論や集会などから多くの映像がメディアに拾われ、時に劇的な部分を切り取られ、拡散されてきました。

それは、トランプ氏のメディア戦略にまんまと乗せられたものであったと同時に、彼自身の本質について非常に多くを語るものでもありました。

すべての政治家は権力志向で人気取りの傾向をもちます。すべての政治家は肥大化した自画像を抱えているといってもいいでしょう。しかし、何のために政治をやるのか、という問いに、本当にきちんと答えられる人は稀です。そして、そのような人こそリーダーとしての基本条件を満たしているといえます。

トランプ新大統領は、その疑問を厳しくぶつけられることでしょう。彼の本質はまだ知られていませんし、挑発的なスタイルから多くの反発を生んでいます。

彼はいったいどのような思いを抱えて政界に乗り込んだのか。トランプ氏とは離れて、この時代にこのような旋風が生じた歴史的意味とは何か。アメリカ社会の反応とは。

こうした切り口から、本書では現地取材を交え、アメリカの内部に分け入って解析していきたいと思います。そこから見えてくるものは、勝敗という結果を超えた時代の要請であり、常に民主主義で民意を更新しようとするアメリカの力強さです。

実は、私たちはとても重要な時代に生きているのかもしれません。ここ数年の間に世界で起きたさまざまな出来事はつながっており、その世界を牽引するアメリカの指導者が変化を体現している。そんな思いに動かされ、本書を書こうと思いました。

以下、本書ではトランプ現象の本質を探り、分断されるアメリカの実像を分析します。変わりゆく世界において、アメリカがいかなる自己イメージをもち、新大統領の外交は何を目指すのか。そして、私たち日本に対する影響にはどのようなものがあるのか。外交安全保障を中心にじっくりと論じていきたいと思います。

著者

「トランプ時代」の新世界秩序｜目次

第一章　‖　トランプ時代の幕開け

時代の転換点に立つ世界

二〇一六年十一月八日（アメリカ時間）投開票のアメリカ大統領選挙で、共和党のドナルド・トランプ候補が民主党のヒラリー・クリントン候補を下して当選しました。ほとんどのメディアと識者が「ヒラリー有利」と予想していたこともあり、「トランプ・ショック」「これは歴史的な事件だ」という論調が世界中を駆け巡りました。

たとえばニューヨーク・タイムズは、投票終了直前の段階で「ヒラリー勝利＝八四％の確率」と判定しました。

一九七八年生まれの若き統計学者ネイト・シルバー氏は、各種世論調査よりも正確に投票結果を当てる人として知られてきました。バラク・オバマ氏が大統領に初当選した〇八年十一月の大統領選挙で、五〇州のうち四九州を、オバマ氏が再選された一二年十一月の大統領選挙では、五〇州すべての勝敗を正しく予想しました。ネイト・シルバー氏が主宰するウェブメディア「５３８」は、世界中のメディアから注目を集めるに至りました[1]。

しかし、そのデータサイエンスを駆使したはずの「５３８」もまた、投票終了間際の段階で「ヒラリー勝利＝七一・四％の確率」と判定しました。中には「ヒラリー当確」を宣言するに等しかったメディアもあります。メディアによる世論調査が実態を捉えきれず、データサイエンスが敗北した瞬間でした。

アメリカ大統領がもっている権力と、時代の雰囲気を作り出す能力は、今なお絶大です。トランプ大統領が誕生した今、私たちが時代の一つの転換点に立っていることは間違いありません。

一九七一年、リチャード・ニクソン大統領（六九年一月〜七四年八月）は「ニクソン・ショック」と呼ばれる経済政策の大転換と、翌年に中国を訪問するとした電撃宣言によって、国際経済のあり方や冷戦構造に風穴をあけました。ロナルド・レーガン大統領（八一年一月〜八九年一月）が資本主義を再定義して冷戦を終わらせたことに匹敵する、新たな時代が今始まろうとしているのだろうと思います。

世界中の専門家が選挙戦の予想をしていたにもかかわらず、なぜここまで大きな読み違えをしてしまったのでしょう。いくつかの要因が重なったことが、世論調査がことごとく外れる原因となりました。

第一は、「民主党支持」と思われていたアメリカ北部の州における人口動態や投票率を読み違えたこと。第二は、世論調査が人々の本音を反映していなかったこと。そして、最大の第三は、偏見にとらわれてトランプ現象の本質を理解せず、都合の良い数字ばかりを追いかけていたことです。順に見ていきましょう。

トランプ勝利の要因とは

今回のトランプ勝利を決定づけたのは、これまで民主党の地盤と思われていた北部の産業州です。筆頭格は、ミシガン州でありオハイオ州、ペンシルベニア州でした。

逆転劇を支えたのは、トランプ氏を支持した白人層の投票率が大幅に上昇し、マイノリティ（黒人やラティーノ〈ラテン系アメリカ人〉など、アメリカ国内における少数派）の投票率が伸び悩んだことです。これらの地域の有権者は、アメリカで続く製造業の不振を直接的に受けてきました。その有権者が抱える不満のエネルギーがどれほど爆発的か、ヒラリー陣営もメディアも予想できなかったわけです。

「民主党の牙城」と思われていた労組の票もトランプ側に流れたようですから、影響は今回の大統領選挙を超えてなお続くでしょう。これまでアメリカ政治は「共和党＝アメリカ南部＋中西部」「民主党＝北東部＋太平洋岸＋北部」という組み合わせで戦ってきました。そのアメリカ政治が、構造的に転換する可能性を秘めているのです。

第二の要因として、専門家が分析の糧としていた世論調査が、人々の本音を反映していなかったということも重要です。アメリカのエリートたちは、国民の意思を図る道具立てを継続的に洗練させてきましたが、それでも見誤った。より本質的には、専門家やエリートが国民から遊離してしまっている表れかもしれません。

八年間のオバマ民主党政権を経て、アメリカ国民は変化を求めていました。国民の最大の関心事は経済政策です。ところが、ヒラリー陣営は民主党内の雰囲気を反映して、ひたすら大企業バッシングと金持ち批判を繰り返すばかりでした。膠着《こうちゃく》するアメリカ経済をなんとかするための建設的な政策を、ヒラリー氏は打ち出せなかったのです。彼女は多様性を重視する分配策ばかりを訴え、「アメリカ経済がこれからどのようにして稼いでいくのか」というメッセージは極めて曖昧《あいまい》でした。

大統領選挙終盤には、ここで引用するのがはばかられるほどひどい、トランプ氏による過去の女性蔑視発言が飛び出します。メディアがトランプ氏の発言をスキャンダルとして大々的に取り上げ、「もはや勝負あった」かのように報道したのも間違いでした。結果的にはトランプ氏は、保守層や白人層を中心にかなりの女性票も集めています。思うに、トランプ氏が女性差別主義者であることは、有権者はすでに織り込み済みだったのではないか。それは、現代のアメリカ社会を反映しているにすぎないわけで、リベラルを気取っている識者の中にも、女性差別主義者はいくらでもいます。

有権者が女性蔑視発言についてテレビリポーターや新聞記者から質問されたときに、否定的に答えるのは当然です。メディアも有識者もヒラリー陣営も、何が一番大事な論点なのかを最後まで理解できなかったのではないでしょうか。

ヒラリー陣営が大統領選挙の正攻法を採らず、トランプ氏の人間的資質に焦点を絞って攻撃に徹したのも戦略ミスでした。

保守的なレトリックと中道の経済政策

第三の、そして、最も本質的な見誤りは、トランプ現象の核心を理解できなかったことです。トランプ氏の勝利について「グローバリズムに対する否定である」とか「自らの地位が切り崩されている白人層の逆襲である」などと理解する向きがありますが、それはあくまでも真実の一面でしかありません。

トランプ現象とは、その本質において、保守的なレトリック（言辞《げんじ》）によって中道の経済政策を語ることなのです。トランプ氏はすぐれて刺激的なレトリックを駆使し、伝統的な共和党支持層を取り込みつつ、新しい有権者の獲得にも成功しました。

もちろんトランプ氏の一連の言説には、辻褄《つじつま》が合わないところも、一貫性がないところも多々あります。そのうえで、トランプ氏の政策が保守的であり、アメリカを変革するための芽がまったくないわけではありません。エリートのほとんどは、この点をいまだに理解していないのです。

トランプ氏については「移民排斥」「女性蔑視」「イスラーム恐怖症」「マイノリティ軽視」などの過激発言が注目されてきました。ところが、トランプ氏は放言を繰り返すと同時に、「高齢者福祉については不可侵」「公共事業の大盤振る舞い」「一部の投資所得への増税」を公約にしています。これらの公約は、「小さな政府」が金科玉条であった従来型の共和党候補からは出てきません。

トランプ現象について「白人貧困層の不満のはけ口にすぎない」と切り捨ててきたエリートは、この重要な点を見誤っているのです。事実、トランプ氏は白人の中上位層からも幅広い支持を得ています。

「法人税率一五％」のインパクト

もちろん、トランプ氏への支持が集まった大きな要因には、アメリカの既存政治への深い絶望と怒りがあります。民主党は弱者やマイノリティの待遇改善を掲げながら、何十年にもわたたって結果を出せていません。民主党には、「貧困ビジネス」と言われても仕方がないダークな部分が存在します。

「包括的な移民政策改革を実行する」と約束しながら、いつまでたっても解決できない。半ば邪推も含めて、「移民問題が存在し続けるほうが、その点に敏感なラティーノの支持を民主党につなぎとめられるから」という声さえ聞かれる始末です。それは民主党だけでなく、民主党の大統領とよろしくやってきた共和党議会の幹部たちにも向けられる批判です。

経済政策については、一貫してヒラリー支持よりもトランプ支持のほうが上回っていました。成長と分配をともに訴えたからだと考えられるのですが、その点を拾い上げたメディアの分析はほとんど見られませんでした。雇用改善を最優先する立場から、トランプ氏はＮＡＦＴＡ（North American Free Trade Agreement＝北米自由貿易協定）やＴＰＰ（Trans-Pacific Partnership＝環太平洋パートナーシップ協定）を攻撃し、保護主義的な立場を採っています。

経済がグローバル化している中、貿易政策においてグローバル化とは逆コースをたどることの実現可能性には、疑問があります。おそらく、より米国に有利な協定を目指して再交渉を仕掛けてくることになるでしょう。

他方、法人税率を現在の三五％から一五％へと大胆に引き下げるインパクトは絶大でしょう（なにしろ低税率を武器に企業を呼び込んできたシンガポールの一七％よりも低いのですから）。半信半疑の企業も多いでしょうが、米国はほとんどの産業にとって最大の消費地ですから、米国への投資は一気に増えるはずです。

アメリカ企業が海外に滞留させている資金を、一回限り一〇％の法人税によって国内に還流させる方策も興味深い。こうした大胆なトランプ流の政策は、アメリカ経済を空前の好景気へと導くはずです。

現状のアメリカ経済に厳しい面はあるものの、二十一世紀のリーディング産業におけるリーディング・カンパニーは、ほとんどがアメリカ系企業であることを忘れてはなりません。トランプ氏が掲げる一連の経済政策は、アメリカ国民にとってみれば極めて合理的なものなのです。

「意気揚々と撤退するアメリカ」

外交についてトランプ氏は、アメリカの政策的自由度を高めることに注力すると思われます。外交のプロたちが重視してきた経緯論はいったん脇に置いて、アメリカに課せられている足かせから逃れるために行動するのです。

「アメリカ・ファースト」(アメリカ第一主義)の観点で、国内政治を意識しながらゼロベースで考え、タフに交渉する。こうしたトランプ氏の外交スタイルは、当然うまくいく分野もあれば、うまくいかない分野もあるでしょう。

トランプ氏が初の本格的な政策演説でトランプ外交の骨子を明らかにしたとき、繰り返し強調したのは「peace」(平和)という言葉でした(この点は本書第六章であらためて詳述します)。

冷戦後のアメリカ外交は、無原則に現実を積み上げ、無益な国際紛争に介入して国益を損なった。同盟国はアメリカが提供する安全保障の上にあぐらをかき、責任とコストの分担が十分ではない――。

こうしたトランプ氏の指摘に、アメリカ国内はもちろん、世界中の外交エリートたちは戦々恐々としているはずです。

ただし、少し冷静になる必要もあるかもしれません。レーガン大統領が当選したときも(八〇年十一月)、エリートの間では、まるでこの世の終わりであるかのような言説が飛び交いました。レーガン政権では、カリフォルニア州やテキサス州などから大量の「カウボーイ」が政権に参画しています。

彼ら「カウボーイ」たちはそれまでの政界における出世株ではありませんでしたが、ビジネス界や軍での経験を生かし、常識を次々と塗り替えていきました。もちろん識者によって評価は分かれますが、経済分野では規制緩和を進め、レーガン政権は九〇年代のアメリカの繁栄の基礎を築いています。世界の現実に合わせて日本とドイツに負担を求めたことによって、国際経済秩序はより多極化し、より安定しました。

安全保障分野については、レーガン政権はソ連への強硬姿勢を明確にし、「新冷戦」と呼ばれる新たな緊張を生んではいます。他方で、レーガン大統領はアメリカ軍の大きな犠牲には一貫して慎重でした。「新冷戦」に伴う新たな軍拡の負担に耐えられなくなったソ連は経済が崩壊し、結果として冷戦終結を早めています。

私はここで、決して「トランプ外交に不安はない」と言いたいわけではありません。ビジネスマンならではのボトムライン思考によって、トランプ氏が外交に短期的、数値的な成果を求めれば、大きな摩擦《まさつ》が起きるでしょう。

日本の立場から言えば、日米安全保障条約に定められている日本防衛義務を、トランプ氏が本当に果たす気はあるのでしょうか。ここは不安が残るところです。中国や北朝鮮と交渉してアメリカの国益を確保する中、日本の国益が捨て置かれることもあるかもしれません。地域紛争に興味関心をもたず、それを問題だとすら思わないアメリカが登場する可能性があります。

トランプ大統領の外交を一言で表すならば、「意気揚々と撤退するアメリカ」ということになろうと思います（この点については本書第六章で詳述します）。

そんなトランプ大統領のアメリカに対して、日本にできることは何でしょうか。それは自分の頭で考え、自分の足で立ち、自分で行動することです。

日本の交渉相手は「不動産王」と呼ばれる生粋のビジネスマンであり、自信満々のディール・メイカー（交渉人、ビジネスにおけるプレイヤー）です。「これまでの日米関係の経緯」をトランプ氏に懇切丁寧に説明したところで、双方に利益を見出せるようでなければ相手にはされません。あわてふためいた日本がトランプ氏に急にシッポを振っても、軽蔑されるのがオチでしょう。

日本が突きつけられる「問い」

アメリカにとって日本は、東アジアにおける最重要の同盟国です。日米同盟のパートナーとして、アジアで最大の先進国の市場として、アメリカが日本と真正面から向き合わなければいけない日は、早晩やってきます。日本は腰を落ち着けてトランプ氏に対処すればいいのです。アメリカから世界がどのように見えているのか、私たちがあらためて基本に立ち返るべきときがやってきたのです。

中国に対するトランプ氏の脅威《きょうい》認識は、主に経済的なものに偏っています。安全保障の観点では、中国のことをそれほどの脅威とは思っていません。南シナ海有事や尖閣《せんかく》諸島での有事を想定したとき、私たちはその点をしっかり認識しておくべきです。

　東アジアで最も大きな危険をはらむ朝鮮半島有事に、アメリカ軍が出兵すれば多大な犠牲をこうむるでしょう。これだけリスクが高い作戦に、トランプ氏がコミットする気は果たしてあるのでしょうか。朝鮮半島有事に本気でコミットする気がないとすれば、トランプ大統領の任期中、北東アジアの枠組みは大きく変化する可能性があります。

　日米同盟の文脈では、「日本が攻撃されたときにアメリカ軍は戦うのに、アメリカ軍が攻撃されたときに日本人は助けに来ないのか」との質問に、日本はどのように答えるのでしょう。

「アメリカ軍は日本駐留にいくらのコストを払っているのか。日本の安全保障にはどれほどのコストがかかっているのか。アメリカ軍の基地が日本にあるおかげで、日本はいくら得をしているのか。そうだとすれば、なぜ日本は得している分のコストをアメリカに支払わないのか」

　このような質問をトランプ氏からズバズバぶつけられたとき、日本はどのように答えるのでしょう。

　日米同盟の現実を直視せず、なし崩し的にアメリカ軍への「思いやり予算」を増やすよりは、「限られた予算の中で、日本がやれることは日本がやります」と言い、アメリカの責任を一部日本が分担する。そして日本の通常兵力を増強するべきだと私は思っています。果たして、日本にそのような思いきった決断ができるのでしょうか。

アジア太平洋経済の未来はどうなるか

トランプ氏は「ＴＰＰ離脱」を公約に掲げて大統領に当選しました。

長きにわたって続いたＴＰＰ交渉は一五年十月に落ち着き、一六年二月に各国がＴＰＰの協定に署名しました[2]。参加国が国内で批准《ひじゅん》したあと、ようやくＴＰＰは発効に至ります。ただし日本またはアメリカのいずれかが批准しなければ、ＴＰＰは発効しない仕組みになっています。もっとも、そこで「アメリカはＴＰＰを批准する可能性がないのだから、日本も様子を見よう」などと言っていては、トランプ氏から足元を見られるだけです。

曲がり角にきているグローバル経済を、今一度活性化させよう。そのためにモノの貿易に加え、サービスの領域や経済規制の領域にまで踏みこもう――これがＴＰＰという試みの本質です。環境や労働、公共入札などの分野で日米が主導し、国際的な標準を作って束南アジア市場を開放していく――これこそが、ＴＰＰの最大の意義だからです。

アメリカ国内の内政を強く意識しているトランプ大統領に一定の「勝ち」を与えながら、したたかにアメリカ市場へのアクセスを維持し、東南アジア市場へのアクセスを拡大する。その枠組みに「ＴＰＰ」という名前がつかなかったとしても、日本は当初から自分たちの国益であった「果実」を取りに行かなければいけません。

アメリカ大統領が誰になり、どんな政策を展開するのか。それは日本にとって非常に重要です。しかし日本には、日本が独自に解決すべき問題がいくらでもあります。自分たちに必要な経済改革を、アメリカに言われずともやってのけなければ日本も沈んでいってしまうかもしれない。他国の大統領の暴言を気にしている場合ではありません。

日本はこれから、もっと積極的に国際的な経済秩序を提案していかねばならないでしょう。

トランプ流「アメリカン・ドリーム」

アメリカの新大統領に就任したドナルド・トランプ氏とは、いったいどんな人物なのでしょうか。トップリーダーの来歴や性格を探ることは、今後の世界を予想する糧となるはずです。一言でいうと、トランプ氏のキャラクターは洗練されてはおらず、グローバリゼーションの時代のエリート像からはかなり乖離《かいり》があります。古典的な、いかにもアメリカ的な「お金持ちの文化」そのものと言えるでしょう。

トランプ家は、代々お金持ちの良家というわけではありません。トランプ氏は自分の足で立ち、ほぼ一代で一連の事業を成功させました。ニューヨーク・マンハッタンにそびえ立つ金ピカの「トランプ・タワー」をはじめ、ホテルやマンションを次々と建設してきました。航空会社を買収したり、カジノを経営したりの多角経営に加え、自身もメディアに積極的に出演したりして、ビジネスを次々と拡大させていきました。成功も失敗も経験しながら、現在の帝国を築いたわけです。

トランプ氏の半生は、画に描いたような「アメリカン・ドリーム」そのものです。一代で財を成し、人もうらやむセレブ生活を送る。自家用ジェット機を乗り回す。まったく悪びれる素振りも見せずに富をひけらかすところに、愛嬌を感じるほどです。こうしたトランプ氏のパーソナリティは、前職のオバマ大統領の洗練されたスタイルとは対極的です。こうしたトランプ的な金ピカの文化は、アメリカの政治からは長らく遠ざけられてきました。トランプ氏の当選は、米国文化の伝統をも塗り替えた側面があるのです。

かつてほどではないにせよ、日本では東京大学や京都大学を卒業した学生の多くが、国家公務員総合職（旧Ⅰ種）の試験を受験してキャリア官僚を目指します。アメリカの最優秀の学生は、連邦政府の職員になる進路を志望しません。弁護士や実業家を目指すのが主流です。アメリカでは、日本よりも実業家の社会的地位や報酬がとても高いのです。

日本の政治家もかつては金ピカ趣味の方が目立ちましたが、そもそも明治期以来の武家出身の政治家による質実剛健の伝統もありますし、平等化が進んで以降の近年の政治家は「お金持ち文化」を敬遠します（トランプ氏のような「金満家ぶり」は、日本では有権者から快《こころよ》く思われないでしょう）。

アメリカにも、トランプ氏のように戯画化されるほどのお金持ちを遠ざける文化はあります。しかし、トランプ氏は「強いアメリカ」を牽引するパワフルな存在として自らを位置づけることに成功したわけです。さらに言えば、アメリカでは、すきっとした北東部出身の何代にもわたる政治家出身のエリートが幅を利かせすぎた結果として、地場のお金持ちにうっぷんがたまっています。トランプ氏の当選は、そのような地場のお金持ちによる逆襲の意味合いもあるのです。

カギを握る長女イヴァンカ氏

トランプ氏の演説や一連の報道を見る限り、彼の経営哲学はおそらく「能力主義」だと思われます。最初の妻イヴァナ氏との間に生まれた長女のイヴァンカ氏は、選挙戦を通じて常にトランプ氏の脇に寄り添っていました。イヴァンカ氏は元ファッションモデルであり、父の意を継ぐ実業家でもあります。大勢の家族の中でイヴァンカ氏をあれだけ重用しているのは、明らかに彼女が「家族の中で一番デキる」からです。メディアでの質問のさばき方、自らのブランドを成功させるマーケティング能力などは舌を巻くほどです。

イヴァンカ氏に関してはすでに日米を問わず、左派やリベラルの側からかなりの誹謗中傷に近い言説が浴びせられています。いわく、元モデルだからビジネスエリートではないはずだとか、あるいは、家父長制に従う女性としてのロールモデル（お手本）を浸透させることで女性の社会進出に逆行するなどと。しかし、そうした言説は単に、心奥深く眠る性差別的な感情に基づいているものであり、政敵としてトランプ政権を攻撃するために批判しているにすぎません。なぜなら、モデルをしたことは揶揄《やゆ》されても、大学時代にアメフトに打ち込んだことは決して揶揄されることはないからです。何がリーダーシップ像として「正しい」のか。左派の頭の中にも男女差別が色濃く根付いているのです。

イヴァンカ氏の夫ジャレッド・クシュナー氏は、トランプ氏に重用されて選挙顧問を務めました。一六年十一月九日にトランプ氏が当選確実を受けた勝利演説をしたときには、メラニア夫人やその息子のバロン君の次に、イヴァンカ夫妻が並びました。

元妻イヴァナ氏との間に生まれた長男のドナルド・トランプ・ジュニア氏でもなく、次男のエリック・トランプ氏でもなく、女性のイヴァンカ氏を重用する。性別も生まれ順も関係なく「とにかく能力が高い者を愛する」のがトランプ氏の傾向なのでしょう。

「トランプ帝国」は、典型的な家族経営、ファミリービジネスとして運営されてきました。おそらくトランプ氏は、ファミリーを大事にする忠誠心、そこに能力主義を掛け合わせて人事を判断しているのでしょう。

したがって、トランプ体制下でのホワイトハウス（大統領官邸）に代表される政権中枢の人事に、ファミリーの影響力は相当大きくなるはずです。「トランプ帝国」には多くの才能ある人たちが集結していますから、彼らが重要ポストに抜擢されて政権を運営し、良くも悪くも支配することになるでしょう。

トランプ的パーソナリティへの共感

チェコスロバキア出身のイヴァナ氏は、超有名人であるトランプ氏と世間の関心を呼ぶ形で離婚しました。興味深いことに、イヴァナ氏は「トランプ帝国」から追放されることなく、いまだにビジネスの一角を任されています。そういう意味でもトランプ氏は良きパパであり、良き中小企業経営者のメンタリティ（心性）をもっているようです。

才能と高い能力を賛美する。お酒は一滴も飲まない。タバコも吸わない。麻薬はもちろんやらない。傲慢《ごうまん》でいい加減なように見えて、厳しく自らを律し、成功のためにどこまでも努力する。こうしたトランプ氏の個性は、現代のアメリカの一部を象徴しています。

アメリカの地方で成功している大金持ちは、金ピカの「勝ち組」でありながら、同時に勤勉な努力家です。地方を下に見てバカにする、斜に構えて洗練された都会人たちは、「金ピカの成り上がり」「一代でのし上がった成功者」をバカにします。そうした一部の都会人を除けば、多くの人がトランプ的パーソナリティに共感するでしょう。

実際には、アメリカで主流を占める文化はいかにも金ピカです。ハリウッド映画がまさにそうですし、ブルー・ステイト（blue state = 民主党支持の強い州）である西海岸のカリフォルニア州・ロサンゼルスでも、アメリカの主流派の趣味は相当程度デコデコしています。

米国は先進国の中でも格差の大きな社会です。リベラル陣営の指導者たちも、多くは特権階級化しています。自らは特権を享受しながら、「貧困をなくせ」「差別発言を許すな」と言っても偽善者に見えてしまう。

この点、トランプ氏のキャラクターは偽善的には見えません。彼が暴言王であることは最初から一貫していますし、ヒラリー・クリントン氏のように相矛盾するダブル・スタンダード（二重基準）が見え隠れするわけでもない。

本音で語るというのは人間の中の差別感情を隠さないということでもあるけれど、同時に嘘をつかないということでもあります。トランプ氏がすべて真実を言っていなかったとしても、人々の心に届きやすい言葉をもっていたことは確かなのです。

ファーストレディ・メラニア夫人

ファーストレディ（大統領夫人）となったメラニア夫人の元同級生は「メラニアはアー

トやデザインに関わるものは何でも好きだった」「読書、特にファッション誌が好きだった」「ケンカが起きたときには仲裁するタイプだった」と証言しています。どうやらトランプ氏のように放言によって対立を煽るタイプではない、自制的な人のようです。

メラニア夫人の一家は、もともと共産党が支配する旧ユーゴスラビアのスロベニアで暮らしていました。外国出身のファーストレディは史上二人目であり、アダムズ大統領（一八二五〜二九年在職）以来一九〇年ぶりです。

メラニア夫人のお母さんは共働きで、ファッション産業に関わる工場の管理者をやっていました。西側諸国にも頻繁に旅をし、フランス・パリにあるオートクチュール（オーダーメイドの仕立て服）の協会にも出入りしていたといいます。

メラニア夫人は貧しい家庭に育ったわけではありません。お父さんは共産党員でしたが、資本主義を否定するわけではありませんでした。仕事は自動車部品のセールスマンをやっており、商材であるベンツに乗っていた。当時の東側諸国、特に旧ユーゴスラビアのような貧しい地域では、西側諸国の高級車にはものすごい価値がありました。自動車部品のセールスマンとはいえ、かなり裕福なほうの層だったでしょう。

メラニア夫人がこれからファーストレディとしてどういう立場を取っていくのかは、注目に値します。と言いますのも、メラニア夫人のインタビューを見ると、彼女はかなりリベラルな人に見えるからです。

夫のトランプ氏は、対照的にかなり差別的な発言を繰り返してきました。「メラニア夫人が暴走するトランプを引き戻している」という説もあれば、「実はすべて計算ずくだ。トランプが過激なbad cop（悪い警官）、メラニア夫人がgood cop（良い警官）を演じているのは、あらかじめ織り込み済みの戦略だ」という説もあります。

私は後者の説のほうが真実に近いのではないかと思っています。トランプ氏もメラニア夫人も、実際は「かなりリベラルなほうの大金持ち」であり、二人とも才能を重視する実力主義者の傾向があります。二人とも本当は都会的なリベラルではあるものの、民主党左派のような人たちにはとてもついていけないと思っている。トランプ氏とメラニア夫人は「中道に近いリベラル」であるものの、自らの成功のために保守を演じている、と見ています。そこにあるのは、身も蓋もないほどの現実主義です。

トランプ・ファミリーは実にアメリカ的です。とにかく勤勉で、そしてファミリーの絆が強い。他方でスネはボコボコの傷だらけ。離婚と結婚を何度も繰り返し、決して完璧ではないが、失敗や傷を乗り越えたところに何らかの美徳を見出す。金ピカぶりも含め、ある種の過剰さと過激さを身にまとってひた走る。

ファミリーが体現する「もう一つのアメリカ」

トランプ・ファミリーは、ワーク・ライフ・バランス（仕事と生活のバランス）はどうなっているのかと首を傾げるほどワーカホリック（仕事中毒）です。一生働かなくてもいいほどに裕福であるにもかかわらず、彼らはあまりにも禁欲的で勤勉です。

トランプ氏は軍隊式教育を施す私立学校（ニューヨーク・ミリタリー・アカデミー）を卒業しています。そこで、根っからスパルタ式の厳しい規律が身についているのでしょう。そのため、子どもたちにも禁欲的で熱心なしつけと教育を施しています。

日本から見えているアメリカは、ニューヨークやカリフォルニアなど圧倒的にブルー・ステイトのアメリカです。トランプ氏自身は、ニューヨークを象徴する大富豪なのだけれど、そこには、普段日本からは垣間見ることが難しい、「もう一つのアメリカ」が体現されているように思います。

トランプ氏はある種のエリートではありますが、従来型のアメリカのエリートとはキャラクターが合致しません。と同時に「トランプは一般的な人だ」という言い方も間違いです。彼は決して庶民の声を代弁しているわけではありません。非常に実力主義的で家族主義的な実力者が、一般市民への指針を示しただけのことです。

トランプ氏は「アメリカの庶民はこのような利益を享受するべきだ」というビジョンを、とてもわかりやすい言葉で示しました。そのメッセージに、アメリカの庶民が敏感に反応したのです。

第二章 ‖ 分断されるアメリカの深層

「ねじれ現象」から生じる機能不全

トランプ氏の所属する共和党は、大統領選挙を通じて激しい内部分裂にさらされてきました。共和党には共和党エスタブリッシュメント（保守本流）がおり、福音派（キリスト教右派）もいます。リバタリアン（小さな政府を求める自由主義右派）もいれば、保守系の草の根運動「ティー・パーティ」（茶会党）もいるといった乱立状況です。共和党は決して一枚岩ではありません。

「ティー・パーティ」は福音派とリバタリアンをほぼ吸収するような形で、今回の大統領選挙を通じて大きく勢力を拡大しました。したがって「ティー・パーティ」が推す候補にはさまざまな色合いがあり、彼らの票は福音派やリバタリアンにも流れるようになったわけです。

二〇〇八年十一月にオバマ氏が大統領に初当選してから、オバマ政権は上下両院の多数派が大統領と同じ民主党という恵まれた二年間を過ごしました。この蜜月の間にオバマケアをはじめさまざまな改革を進めたわけですが、多様性や人種問題などのメッセージが前面に出たことによって、保守的な有権者の間には反感も呼び起こしました。

その間、共和党の「ティー・パーティ」運動はこうした不満をもつ保守派から大きな支持を集め、一〇年十一月の中間選挙で共和党は大きく勢力を伸ばしました。上院では共和党が四一議席から四七議席に伸び、オバマ氏の民主党は五七議席から五　議席に退潮します。

下院では、共和党が一七九議席から二四二議席へと大躍進しました。オバマ氏の民主党は二五六議席から一九三議席まで減らしてしまい、過半数を共和党に奪われる「ねじれ現象」が発生します。

ＴＰＰ（環太平洋パートナーシップ協定）など大統領が署名した条約をアメリカ上院で批准するためには、原則三分の二の賛成を得なければなりません。下院で法案を通すためには、過半数の賛成票が必要です。一〇年十一月の中間選挙で民主党が大敗を喫したことにより、オバマ政権は重要法案や条約を通せなくなってしまいました。

ねじれ現象とそこから生じる政治の機能不全は、アメリカ政治が抱える大きな問題です。ねじれ現象は議会の権力を通じて大統領府を監視するのには役立つ部分もありますが、連邦レベルでの妥協や取引は一般国民には見えにくく、理解しにくいものです。議会が邪魔をして物事が進まなければ進まないで政治不信が高まり、妥協すればあたかもテーブルの下で手を握っている密室政治の印象を与え、有権者が不信を募らせていくという悪循環が生じるのです。

ねじれ現象は弱い大統領を生みますが、それが反対派をさらに勢いづけます。共和党が基盤とする文化と、民主党が基盤とする文化がそもそも大きく異なるのですから当然です。

共和党「二〇一〇年当選組」の苛立ち

今回の大統領選挙で、共和党の指名候補をトランプ氏と争った面々を見てみましょう。マルコ・ルビオ上院議員は二〇一〇年当選組ですし、一二年十一月の上院議員選挙で初当選したテッド・クルーズ氏は、「ティー・パーティ」の支持を受けて共和党議員になった「二〇一〇年組」の系譜です。

一一年に下院議長に選ばれたジョン・ベイナー下院議員は、中間選挙で勝利した「二〇一〇年組」の突き上げを食らって共和党内で苦労しました。ベイナーは穏健派であり、共和党の血気盛んな議員たちからは批判を受けたからです。

オバマ大統領は一六年四月三十日、記者を招いて開いた晩餐会の席上で、記者を楽しませるためのショートフィルムを上映しました。おもしろいことに、ベイナー氏はオバマ大統領と対立する共和党の重鎮でありながら、このショートフィルムで道化た本人役を演じています。ミシェル夫人から叱られ、「大統領でなくなったら暇《ひま》で困るな」と自虐に走るオバマ大統領に対し、ベイナー氏は「お互いつらいよな」と傷をなめあいます[3]。

ベイナー氏は情に厚く、オバマ政権に対して是々非々の立場を取る融和的なエリートでした。ベイナー氏の後に一五年十月から下院議長を務めるようになったのは、七〇年生まれの若きポール・ライアン氏です。一二年の大統領選挙では共和党のミット・ロムニー氏の副大統領候補に選ばれました。次世代の共和党主流派にもかつてに比べれば変化が訪れてきています。それでも、「二〇一〇年組」からすれば不十分な変化に思えるのです。

オバマ政権の八年間（〇九年一月〜一七年一月）のうち、政権の中盤以降は大統領府と議会が「ねじれ」状態になったわけですが、共和党のエスタブリッシュメントは、特に自分たちが進めたい政策分野については、オバマ政権とも一定程度妥協しながら政権運営の一翼を担うという発想がありました。こうした共和党執行部に、党内の「二〇一〇年組」は強い苛立ちを感じてきました。

「二〇一〇年組」は社会保守的な価値観をもち、徹底した連邦政府への嫌悪感をもっているところに特徴があります。強硬な予算カットへの圧力もあります。

トランプ氏に次いで共和党指名候補第二位につけたテッド・クルーズ上院議員は、エタノール補助に反対しました。アメリカでは温暖化対策の一環として、トウモロコシやサトウキビなどを原料として作るバイオ（生物資源）エタノールの使用が推奨されています。

アイオワ州はトウモロコシの栽培が盛んなところですから、エタノール補助（減税）による受益者です。クルーズ氏は勇敢にも、アイオワ州でエタノール補助への原理的な嫌悪感を表明しながら、結果的に党員集会でトランプ氏を下して勝利しました。クルーズ氏にはいろいろ問題はありますが、筋を通す人であることも事実です。

現状のアメリカ政治の腐敗に苛立ちを感じ、政治を再活性化させるためにイデオロギーを押し通す。クルーズ氏に象徴される共和党執行部への突き上げは、アメリカ政治における新しい一極となってきました。

共和党は下院において選挙区の調整を進めてきたために、オバマ政権後半期からは、野党の共和党が優位に立っています。共和党が下院を握る状況は新常態となっているのです。

オバマ民主党で噴出した「不満のマグマ」

かたや民主党内でも、オバマ政権の八年間を通じてずっと不満のマグマが溜まってきました。民主党が議会の地図を塗り替えられれば、もちろん党内の不満は解消されたでしょう。しかし、議会の「ねじれ現象」が続く中では、民主党は自分たちのやりたいことが全然できず、欲求不満を日々募らせていったのです。

振り返ってみればオバマ氏は、〇八年の大統領選挙でヒラリー・クリントン氏という中道の候補を駆逐《くちく》して当選した大統領です。よりリベラルな基盤に立って当選したわけですから、リベラル寄りの政策を採ることが民主党内で期待されました。現に、社会的な価値観をめぐる分野ではリベラル化が進みました。

しかし、議会を失ってからのオバマ氏は内政で成果を挙げることができていません。当然、民主党左派からは「もっと攻勢に転じるべきだ」という欲求不満が高まっていきました。

それと対をなす欲求不満の要因は、次の大本命と目されていた、ヒラリー氏が存在感を発揮し続けたこと。国務長官を退いてのちオバマ政権と距離を取りがちだったヒラリー氏が、「次期大統領選挙の最有力候補」としてメディアに報道され続けたことです。今回の選挙戦では、バーニー・サンダース上院議員が大統領候補者として躍り出るまで（一五年四月に出馬表明）、民主党内でほかに有力な競争者はいませんでした。

若くして有名になったエリートであり、政権の権力中枢を経験した元大統領の妻であるヒラリー氏が、常に最有力候補である。そのことへの苛立ちも民主党支持者にはあったということが、今回の選挙戦では次第に明らかになっていきます。

大きな変化を求める層や、若い世代の革新勢力は、民主党指名候補にヒラリー氏が選ばれる過程を「出来レースだ」と苦々しく見ていました。ニューカマーである移民を取り込み、全国運動としてマイノリティ票を掘り起こすことを通じて、民主党は日々価値観のリベラル化が進んでいます。

一九九〇年代にビル・クリントン大統領の隣でファーストレディを務めていたヒラリー氏は、「ファーストレディ」としても異色であり、女性の地位向上を象徴する活動家でした。しかし、時代が進むにつれ、九〇年代に新しかったことはもはや新しいとはみなされなくなってきた。ヒラリー氏は、党内左派からの厳しい突き上げにさらされたのです。

本書第三章でも詳しく述べますが、そんなヒラリー氏を「私用メール問題」という痛恨のスキャンダルが襲いました。いよいよこれから大統領選挙を戦おうという一五年三月、国務長官にあるまじきセキュリティ感覚の甘さを露呈してしまったのです。サングラスをかけたり、エレベーター内で人に紛れて手元のスマートフォンを見つめるヒラリー氏の写真は、「情報弱者」の象徴として何度も何度もメディアに引用されました。

ジュリアン・アサンジ氏が主宰する「ウィキリークス」は、大統領選挙直前にクリントン氏のメールを続々と公表しました。違法なハッキングによって流出したと思われるジョン・ポデスタ選挙対策委員長のメールも暴露されました。

ポデスタ選対委員長が「ヒラリーは自分が中道だと言っているけど、なんで中道と言っているのかワケがわからない」「ヒラリーは自分は progressive（革新的）な大統領候補だと訴えなければいけないのに、なぜ中道と言ったのだ」と苛立つ内幕が、残酷なまでに「見える化」されてしまったのも、新しい時代の到来を印象づけるものでした。

ヒラリー氏を推した民主党の幹部らは、「ウィキリークス」やロシアが仕掛けたとされるサイバー攻撃によって流出したメールで次々に討ち取られ、ヒラリー陣営には、左派のフリをした政治ゴロで溢れているという印象が出来上がっていきます。貧困層やマイノリティに呼びかけ、理想を訴えていた政治エリートの本音が、単なる陣営対陣営の勝ち負けに矮小《わいしょう》化された瞬間、すべてに対する不信として、本来であれば泡沫《ほうまつ》でしかあり得なかった候補に対する熱狂を生むことにつながったのです。

若者がサンダース氏に熱狂した理由

トランプ氏と同様に、「既存政治に対する違和感」「既存政治に対する嫌悪感」を中産階級の若者の立場から表明したのが、民主党のバーニー・サンダース旋風でした。

中産階級の若者は、リーマン・ショック（〇八年九月）に端を発する金融危機以降、非常に不利な立場に置かれてきました。年配者の雇用を守る過程で、若者の雇用や賃金が景気変動の調整弁となり、下方圧力にさらされたのです。そんな中、サンダース氏は中産階級の不満を捉える方向に選挙戦を戦いました。ヒラリー氏が重視する、マイノリティ対策やコミュニティ・カレッジ（短大）向けの政策ではなく、四年制大学の学費を無料化せよと訴え、中産階級の支持を煽っていったのです。日本でも大学進学率は約五〇％ですが、アメリカでは短大卒が多いため、学士号を持つ人の割合はおよそ四割弱です。該当者は人口の半分以下でしかないにもかかわらず、そのわかりやすい政策は熱狂的な支持を獲得します。

実は、サンダース氏は「女性は三人の男性にレイプされる夢想を抱きがち」であるとか、ある意味で、トランプ氏の上を行くトンデモ発言をしています。ほかにも「乳ガンは女性の誤った性行為の習慣によって起きる」と、医者でも何でもないのに、ガン細胞のできかたについて勝手に自説を述べているのです。

「性教育を早期から始めるべきだ」というのは、もともと民主党が主張するアジェンダ（政策課題）ですが、サンダース氏はその点と絡めながら「乳ガンにならないよう、両親は女の子に適切な性教育を施す必要がある」とも言っているのです。トンデモ理論、エセ科学もいいところです。

民主党のよって立つ基盤がリベラルだからといって、本音のところで民主党議員がすべてリベラルであるわけでも、進歩的であるわけでもありません。サンダース氏には、こうした女性に対する偏見、ミソジニー（misogyny＝女性憎悪）を抱えているところがあったのに、なぜ若者は熱狂したのか。これは、おもしろい問いです。

「サンダース旋風」はリベラルもまた、男性優位の社会に生きていることを示したと私は思います。サンダース支持の運動員の統率者には男性が相変わらず多いのです。これを指して、グロリア・スタイネム氏という有名なフェミニストが「若い女の子たちは男の子たちとの出会いを求めてサンダースを支持しているのよ」と述べて批判を浴びました。それは言い過ぎとしても、初の女性大統領候補の下で、左派の女性がまとまれなかったことは注目に値するでしょう。

大統領選挙直前の一六年九月、私はNHK BS1の特番企画でアメリカへ取材に出かけました。一週間ほどの過密取材で歩く中、ヒラリー支持者は五十〜六十代の女性が多い印象を受けました。洗練された都会的な女性も多い印象です。サンダース支持者は中産階級が多く、もしくは、都会育ちの上昇志向の強い低所得者に多い印象でした。そのような人たちが「ヒラリーは所詮エスタブリッシュメント（既得権益層）の代表格ではないか」と攻撃しているわけです。

もしトランプ氏ではなくヒラリー氏が大統領に当選していれば、サンダース陣営の人たちは「民主党版ティー・パーティ」になり、左側から政権に圧力を加えたでしょう。トランプ氏が勝とうがヒラリー氏が勝とうが、草の根の不満分子は民主党内に存在し続けるのです。

民主党の支持者で進む革新主義

アメリカ大統領選挙の取材中、私はテネシー州のモリスタウンで政治団体BNC（Brand New Congress＝「議会を刷新せよ」）の若い活動家と出会いました。彼らはフェイスブックやきれいにデザインされたウェブサイトを使って政治運動を進めていました[4]。

彼らがBNC立ち上げのイベントとして、自分たちのスローガンを訴えかける動画をフェイスブックのライブストリーミングで流している場面に立ち会うことができました。彼らがやろうとしているのは、来る一八年の上下院の中間選挙において、自分たちが支持する候補で民主党を埋め尽くすことです。この運動は完全に議会改革の文脈で進められており、共和党の一部支持者が盛り上げた「ティー・パーティ」運動を、いわば民主党側から行っているのです。

彼らの話を一人ひとり聞いていくと、こうした革新主義に至った経緯として、まずは親がリベラルであり、もしくはリベラルな州に生まれ育っているということが挙げられます。有色人種や移民の家庭に育ったことによって、たまたま共和党支持ではなかった。でもそれ以外の要素では、不思議なほどトランプ支持者に似ているのです。ある女性は、自分たちの世代は親の世代ほどの平均寿命を生きられないだろうとさえ言いました。一見困窮からは遠い生活を送っていますが、低下する生活の質に不安を感じているのです。その結果、連邦政府や議会に対する不信をため込んでいる。それは彼らが、グローバル化に組み込まれていないアメリカの一部を形成してきた層だからです。

共和党のトランプ氏は、「ティー・パーティ」運動の突き上げを前座とし、その後に個人的才覚で台頭しました。これからの民主党も、BNCのような運動や、サンダース支持層から突き上げられ、エスタブリッシュメントの領域は狭まっていくのではないでしょうか。

アメリカを揺るがす「BLM」運動

訪米にあたり、政治学者として一番関心があったのは、どのような亀裂がアメリカ社会に生まれているのかをこの目で確かめることでした。

空港に降り立ちテレビモニターを見上げると、ノースカロライナ州のシャーロットで黒人のデモの暴徒化と警官や州兵による暴力、射殺事件が報じられていました。街路は駆け付けた黒人の抗議者で埋め尽くされ、夜気にサイレンが鳴り響き、あちこちでＴＶレポーターが照明や音声のスタッフを従えて見守っています。

初の黒人の大統領の下で、アメリカは警察に日常的に弾圧され、いとも簡単に射殺される黒人の抗議運動に揺れています。Black Lives Matter（ＢＬＭ、「黒人の命は大切だ」）と呼ばれる全国組織は、二〇一二年に立ち上げられた比較的新しい運動です。その背景には、無防備な黒人青年を警官が射殺しても罪に問われない場合が少なくないという現状があります。運動は公民権運動以来といってもよい広がりを見せていますが、暴徒化や報復としての白人警官射殺事件が起きるなど、運動が暴力化しており、保守層の多くは、これを正当化しえない暴動だと考えていることも確かです。

なぜ、オバマ大統領が選ばれても社会が変わらないのか。彼らの怒りの本質はどこにあるのか知りたくて、土曜の正午にニューヨーク郊外の下町、ブルックリンで行われるデモのツイートを探し当て、行ってみることにしました。

現場周辺に着くと、のどかな公園と街路の向こうに、少しずつ人が集まり始めていました。リーダー格の黒人男性たち、暴力の犠牲者の顔写真をプリントしたＴシャツを着た女性たちもいます。

BLMのブルックリン支部長は、アラブ系と黒人のダブルらしい、アキームという青年でした。多文化のニューヨークでは、ブラックもブラウン（＝アラブ系など）も同じ目的のために連携しているのです。

彼の十歳下の弟、カリーフは十六歳のときに強盗の疑いで誤認逮捕され、悪名高いライカーズ島の刑務所に裁判なしに三年拘束されました。うち二年間は独房生活を送り、何度も自殺を試みたといいます。釈放後、冤罪《えんざい》に注目が集まりました。しかし、彼は刑務所での看守による虐待、囚人によるいじめを思い出さない日はなく、トラウマに耐え切れず二〇一〇年に自宅で自殺してしまいました。将来ある命を絶ったのは、警官による人種差別と、民間刑務所の存在だとアキームは語りました。

「われわれだけが、弱く、裏切られる」

システムエンジニアのアキームは、弟の死によって活動を始めました。澄み切った眼差しに絶望の色を濃くしたアキームが抱える、手作りのポスターから、少年のまま死んでしまったカリーフの無邪気な瞳がこちらを見つめていました。

集まった黒人たちは、次々にマイクを取り、スピーチをします。州知事や市長が黒人の要請に応えていない現状を糾弾《きゅうだん》しているのです。なぜ現状を変えることができないのかという私の問いに、ブロンクスのリーダーは言いました。

「ニューヨークの地方議員はどんな奴らだと思う？　みんな民主党さ。ここはリベラルな州なんだから共和党なんか受かりっこない。民主党の政治家こそ、われわれを抑圧し、差別し、住環境を改善しないまま企業にわれわれを売り渡すんだ。見てごらん。全米で自治ができていない人種コミュニティは黒人だけだ。ユダヤ系だって、ラティーノだって自分たちで自治を行っている。われわれだけが、弱く、政府に頼り、そして必ず裏切られるのさ」

民間経営の刑務所を推進したのは、実はクリントン夫妻です。ところが刑務所を民営化したことの弊害として、囚人になかなか裁判を受けさせず、監獄から出さないインセンティブが生まれてしまいました。長く入れておけば入れておくほど、刑務所の稼働率が上がり、政府からの支払いが儲けになるからです。

デモが始まる前、キリスト教とイスラームの地元指導者が祈りをささげました。牧師は、抵抗の闘志を称揚し、イスラーム指導者は耐えぬく力を説きました。お祈りを聞きながら、今頃、ノースカロライナ州シャーロットではTVレポーターがロケバスに幾台も乗り込んで固唾《かたず》を呑んでいるのだろうということがふと頭をよぎりました。死者が出たばかりで騒然としている黒人全国運動をよそに、ブルックリン支部長は寂しく自ら命を絶った弟の死を無駄にしないよう、集まった支援者に細々と刑務所の改善を訴えているのです。

川向こうの豊かなマンハッタンから遠く離れて、土曜日のブルックリンでは、住民を代表せず、ボス政治と利権にまみれてしまった地方政府を糾弾する人々の群れが道路を粛々と練り歩いていきました。しばらくして七、八歳の黒人の子どもがマイクを取りました。「ああ撃たないで。僕は大きくなって大人になりたいから」。その可愛い声はスピーカーを流れ出し、黙々とラティーノ警官が先導する、ギャングの住む集合住宅の見下ろす昼下がりの街路を、響き渡っていったのでした。

社会的弱者が這い上がれない社会

ニューヨークでは、このところブロンクスやブルックリンといった郊外の、低所得者も住めるはずの地域で不動産価格が高騰《こうとう》しており、人々が住みにくくなっています。アメリカ滞在中、ニューヨークの貧しいジャクソンハイツという地域で育ったステファニーにも取材しました。

お父さんがドミニカ共和国出身で黒人系の現地人、お母さんがペルー出身の移民第一世代という女の子です。ジャクソンハイツに住んでいたとき、あらゆるマイノリティがそこにはいたそうです。自宅のすぐ近隣には、ユダヤ教徒の街区もありました。ジャクソンハイツではさまざまな民族集団が共存しており、困ったときにはみんなで助け合って生活していたそうです。お母さんは二十七歳で不法移民として入国し、彼女が十一歳のときに滞在許可を得ます。シングルマザーとして働きながら子どもを立派に育てあげました。

不動産価格が高騰すると、開発業者が物件を買い取ろうとします。地上げ屋が家賃を吊り上げて人々を追い出しにかかり、彼女のお母さんはその圧力にさらされています。貧困層が家賃の高騰を阻止するためには、地方議員の手助けが必要です。しかし、ステファニーは、人々が頼るべき地方議員は裏で開発業者とつるんでいると訴えます。民主党の議員が当選している地域では、偉い人も民主党です。彼女は、むしろ民主党に恨みを抱えているのです。

低所得者が暮らす街は、手入れをしなければ快適には暮らせません。天井や壁のペンキがはげ落ち、雨漏りがしている。そんな家をなんとかするためには、自分たちで意思決定して議員にも陳情し、どうにかして補助金を受けながら改修する必要があります。

ところが壊れかけた住宅は放置され、自分たちの力だけではとてもお金を出せる状況にありません。そんな自分たちがクイーンズの大学を卒業したからといって、将来どんな仕事があるのか。実は、多くの低所得者層の子どもたちは大学を卒業してもショップの店員やスーパーのレジ打ちくらいしか仕事がないと言います。「スーパーのレジ打ちをするためだったら、コミュニティ・カレッジを出る必要はどこにあるのか」と彼女は言います。「私は修士号をもっていないから、ソーシャルワーカーとしてどんなに頑張っても部長クラスには昇進できない」「学資のない私たちは大きなハンディキャップがあるところからスタートしなければならない」。

実際、アメリカの四年制大学を卒業した人の約四八%が大卒の資格を必要としない仕事に就いていていると労働省の統計は示しています。

マイノリティの社会でソーシャルワーカーとして働きながら、ステファニーは「アメリカは弱者や貧しい人が上に這い上がれない社会だ」という強い問題意識を抱えていました。

彼女の自宅にはレインボーフラッグ（「ＬＧＢＴ（性的少数者）を支持する」という意志を示す七色のマーク）がかかっており、ひょっとすると彼女自身もＬＧＢＴだったのかもしれません。

さまざまな意味で疎外感と不満を抱えていれば、大統領選挙はまるで雲の上のような話に思えてならないでしょう。彼女の家をあとにして、やる気はあっても恵まれない若者たちは「いったいどこの世界で大統領選挙をやっているのだろう」と感じているのではないか、投票所から足が遠ざかっても不思議はないのではないかと感じました。

ＬＧＢＴ差別をめぐる犯罪か、テロか

フロリダ州オーランドのナイトクラブで全米史上最悪の銃乱射事件が起きたのは二〇一六年六月のことでした。私は五〇人の犠牲者を偲《しの》んで、現場を訪れました。犯人が原理主義のイスラーム国（ＩＳ）に忠誠を誓っており、現場がゲイクラブとして知られていたことから、ＬＧＢＴに対する憎悪犯罪であり、世俗主義を憎むイスラーム原理主義者によるテロであると報じられていました。

追悼のためのイベントがあると聞いて、地元のアーティストやＬＧＢＴに好意的なコミュニティが企画した音楽とアートの夕べに向かいました。会場の中に飾られた被害者の顔写真をもとに描かれた肖像画を見て回っていると一見して上流とわかる、素晴らしいファッションに身を包んだ女性が近づいてきて主催者の一人であると名乗りました。いささかお酒が進んで千鳥足のその女性は、イベントが成功して満足そうでした。私は大統領選についても彼女の意見を聞こうとしました。ところが、「トランプはめちゃくちゃでまるっきりジョークである」と語った彼女は、ヒラリーのことも「嘘つきで信じられない」と言います。彼女は、この犯罪はＬＧＢＴに対する敵意によって起きたものであると信じていました。地元コミュニティとしてＬＧＢＴに好意的な生活スタイルを守り、称揚すべきだと考えたために企画を決意したのでした。

日が落ちかけた銃撃事件の現場に急ぐと、花束がささげられ、祭壇のような慰霊碑や垂れ幕がありました。何人かが、垂れ幕に書かれた名前をなで、花を手向けていました。銃撃事件の夜がラテン音楽の夕べだったこともあり、犠牲者にはラティーノの人々が多かったのですが、話を聞くと、ここはそもそもラティーノのコミュニティに親しまれた場所だったとのことでした。

死んだのはみんな小さいころからよく見かけた近所の子たちだったというプエルトリコ系のおばあさんは、英語が不自由でしたが、ぽつりぽつりと、イスラーム過激派の憎しみがこのような惨劇を引き起こしたと言いました。そして、この辺りではもとから民族や宗教間での軋轢《あつれき》はあったと語ったのです。

犯人の行いは、実際、その後のムスリム（イスラーム教徒）敵視を呼び起こしました。ムスリムに銃を売ることをそれ以前から拒否していた銃販売店の店主は、一躍注目を浴びました。その銃販売店があるオーランドの郊外に行くと、先ほどのアーティスト気質の都会的な文化の対極にある、きちんとした家が並んでいました。郊外にある平均的な家で暮らし、トレーナーやTシャツを着た人たちがあまり洗練されていない野球帽をかぶって生活している。そういう人たちが日々銃を持ち歩いており、ムスリムを街から締め出そうとしている。

積極的な侵害行為も起きています。オーランドのムスリム団体の女性リーダーによれば、モスクの入り口にはムスリムが忌み嫌う豚肉が投げ込まれ、ヒジャブ（髪を覆《おお》うスカーフ）を被った少女が学校でいじめにあっているといいます。生活習慣や文化の違いから生じたにすぎなかった民族間の対立は、犯人の行いによって敵対の度合いを深めているのです。

思えば、ニューヨークでデモのマイクを長いこと握って、時に怒りで舌がもつれるほど激高していた黒人青年は、こんなことを私に言っていました。「黒人たちは四〇〇年間戦ってきた。ＬＧＢＴを見てみろ。彼らはたったの四年間で同性婚を認めてもらったんだ。でも俺たちはほとんど変わらないところに立っている」

フロリダで出会った日本好きのリベラルな黒人女性に聞いてみました。ＬＧＢＴの権利って大切だけど、黒人の権利より早く認知されたと思わない？　と。

「本当にそのとおりだわ。ここではね、黒人の差別はなくならないの」

オーランドのムスリム団体の幹部女性はこう言います。女性の権利、黒人の権利、ラティーノの権利は注目を浴びる。ＢＬＭ運動はメディアの注目を集めるけど、モスクへの襲撃やヒジャブを被った女子学生が受ける暴行は記事にならないと。

米国は今、誰もがマイノリティであると主張して全力で戦っているのかもしれません。彼らが見据えているのは、大きな権力を屈服させ、自分たちの主張や権利を認めさせる社会。しかし、主流派が衰えつつある米国では、その主流派さえ一体性をもっていないのかもしれないのです。

誰もがマイノリティに転落する時代、それは分断された社会であり、権力をめぐる戦いがますます不毛さを増す時代となることでしょう。そんな中で少しでも良い明日とは、地元に密着した自治を高め、共存できる社会を地元から作り上げる努力の上にしかないのです。

ムスリム社会とラティーノ社会の摩擦

ラティーノのコミュニティ、ムスリム人権団体、白人住民とさまざまに話を聞いていく過程で同時に浮かび上がってきたのは、全米規模のテロとして報道される事件の裏側には、地元に行ってみないとわからない背景があったということでした。

これまで語られてこなかった犯人個人に目を向けてみましょう。米国に生まれていながら、文化的に完全に同化できなかった犯人。そんな犯人は、もともとこのクラブにもよく顔を見せており、隠れた同性愛者であったとの報道もありました。自我が定まっておらず、米国人でありながら米国を愛せない犯人が飛びついたのはネットで目にしたイスラーム国の情報だったでしょう。濃厚な文化的背景なしにイスラーム教に回帰しようとする若者は、時に一足跳びに原理主義へと傾くことがあります。自らの同性愛的傾向を罪だと捉え、聖戦の戦士となって罪を清めようという発想に取りつかれたのかもしれません。

郊外に住む白人は「あの事件はオサマ・ビンラディンによる九・一一の次に起きたテロだ」と考える。都会派の白人は「あのテロはＬＧＢＴに対する攻撃であり、ひいてはリベラルな我々最先端の都市文化に対する攻撃だ」と思っている。多くの犠牲者を出したラティーノ・コミュニティの人たちは「これはラティーノ・コミュニティに対する攻撃だ」とみなす。

全米ではゲイクラブの銃撃事件についてどう受け止められているのかというと、民主党は「銃規制の問題だ」と思っています。もしくは「ＬＧＢＴコミュニティに対する、昔から右派の中にあった憎しみが顕在化した」と考えるわけです。彼らは都合良く「これはイスラーム過激派が起こした事件だ」という事実を軽視しています。

他方の共和党は、ゲイクラブの銃撃事件を「これはテロだ」と見ています。現場から離れ、時間が経過するにしたがって、事件をめぐる言説は何かの普遍的な論争と結びつけられていきます。しかし、オーランドの現場を丹念に取材してみれば、ムスリム・コミュニティと郊外の白人やラティーノ・コミュニティの間に、日常的に文化的摩擦が存在していたことがよくわかります。

ストーリーとは、現場に近づけば近づくほどよく見えてくるものです。ところが、人々は現場の声に耳を傾けようとはせず、事件の衝撃を自分のアジェンダにすり替えてしまう。オーランドの取材を丹念に進めれば進めるほど、人々の認識の乖離《かいり》が見えてきました。

誹謗中傷合戦と化した大統領選挙

今回の大統領選挙では、反対陣営を悪魔化する言説が目立ちました。相手候補を、悪しざまに罵《ののし》るのが論戦の主流になってしまったのです。温和な人柄で知られるエリートたちが平気で「トランプは悪魔以下だ」「いや、ヒラリーこそ悪魔にも劣る」「嘘つき女」「頭がおかしい」と罵倒《ばとう》する。しかし、こうした汚い言葉がエリート自身の首をも絞めています。

今回の選挙戦を通じて、自分が知的に優れていると信じているメディアやエリートへの疑問が深まっています。メディアやエリートとは、国民の判断を促すために必要な情報を媒介する役割を担っているはずです。情報を整理し、政策を徹底的に勉強した上で、初めて具体的な論説も成り立つはずです。ところが、ヒラリー氏を叩いている人も、トランプ氏を叩いている人も、政策についての知識は相当あやふやな場合が多い。にもかかわらず、「あいつは悪魔だ」「あんなヤツを大統領にしたらアメリカはめちゃくちゃになる」と叫ぶわけです。

知識人のほとんどはヒラリー氏を支持するわけですが、彼らはヒラリー氏の政策の矛盾点を衝かず、多くは、民主党の運動に潜むダークサイドに無自覚です。ヒラリー氏は、かつてはＴＰＰに賛成していましたが、選挙戦のさなかに反対に転じました。富裕層に向かって演説をして巨額の報酬をもらっているのに、別の場所では「ウォール・ストリート（ニューヨーク・マンハッタンの金融街）は悪だ」と富裕層を叩く。彼女の主張は明らかに矛盾しているわけですが、多くの知識人は「トランプ憎し」で対立候補を潰すことで頭がいっぱいになり、ヒラリー氏におかしなところがあっても許容してしまうのです。

トランプ氏の当選を受け、敗因をヒラリー氏個人の資質にのみ求めようとする態度にも問題が潜んでいます。私は、今回のヒラリー氏の負けは何よりも民主党の負けだったと思っていますが、すべてを人気のない彼女のせいにしてしまえば楽なので、多くのリベラルがそのような態度に転じています。

ヒラリー氏の選対委員長であるポデスタ氏の流出メールの中には、ドイツの移民政策や難民受け入れ政策に触れて「あいつらはバカだ」と罵る記述があります。「移民や難民は犯罪傾向が高い」と決めつけている件は、トランプ氏と同様、人種差別むき出しなのです。

トランプ氏を「女性差別主義者」「人種差別主義者」と罵っている側もまた、偽善に満ちている。本当は差別的感情を抱えながら、表では、ほとんどの言論を多様性の称揚とマイノリティへのリップサービスに割いている。そのような民主党のあり方を見直さない限り、民主党は本当に負けを総括することはできないでしょう。

政治を劣悪にする言説への責任

アメリカでは、政治家への献金にさまざまな制約が課されている一方で、政治団体への献金は非常に緩いという傾向があります。そこで、「ヒラリー氏やトランプ氏への献金ではない」という建前のもと、ＰＡＣ（Political Action Committee＝政治行動委員会）のような政治団体への献金が行われます。「スーパーＰＡＣ」と呼ばれる団体は巨額の献金を集め、民主党と共和党がお互いを攻撃するネガティブ・キャンペーンのテレビ広告が大量に飛び交っているのです。

候補者指名選挙の直前には、たとえば共和党内でトランプ氏とクルーズ氏という主要候補者同士が、お互いのイメージを毀損《きそん》する戦いを展開しました。ＰＡＣが集めた資金を使った広告動画が切り出されてツイートされ、ソーシャル・ネットワーク（ＳＮＳ）上で拡散されていきました。共和党の候補者指名選挙では、既存メディアとＳＮＳが組み合わされたすさまじい泥仕合が展開されました。

共和党内だけでなく、民主党の候補者指名選挙においても対立候補へのバッシングは激しいものでした。ヒラリー氏が、組織の支持が固い一方で人気のない候補だったため、サンダース氏をはじめとする対立候補を攻撃することでしか追加的な支持を拡大できないと考えたという背景もあったでしょう。

ビル・クリントン氏が大統領選挙に挑んだときは、見た目も言動もフレッシュでスマートな彼がアメリカの未来を象徴していたため、そこまでする必要がなかった。九二年のアメリカ大統領選挙で、民主党のビル・クリントン氏は共和党のジョージ・Ｈ・Ｗ・ブッシュ大統領（父ブッシュ）と対決しました。湾岸戦争を勝利に導き、ドイツ統一のかじ取りをする外交通のブッシュ陣営に対し、クリントン氏は“It's the economy, stupid”（経済こそ重要なのだ、バカ）という決めゼリフで挑みます。このスローガンはビル・クリントン氏勝利の決め手となりましたし、今でも多くのアメリカ人が“It's the economy, stupid”というワードを覚えていて、ことあるごとに引用されています。

単に「バカ」と言えば誹謗中傷ですが、「経済こそ重要なのだ」という部分がクリントン氏が訴えたい主要なメッセージでした。「バカ」を主要なメッセージにしてしまえば、「あいつらに政治を任せたらアメリカは終わりだ。世界は終わりだ」という単純な思考に帰結してしまいますが、前段をつけることによって経済重視の主張を印象付けながら、対立陣営がいかに時代遅れかという印象を作り出すことができたのです。シンプルなメッセージの中にも高い政治性を宿したものだったわけです。

ヒラリー氏はファーストレディとしてビル・クリントン氏の近くにいたにもかかわらず、「経済こそ重要なのだ」的言説ではなく、「バカ」的言説を主要なメッセージにしてしまいました。彼女がトランプ氏と展開した誹謗中傷はアメリカ政治を劣悪にしましたし、誹謗中傷合戦を連日大々的に報じたメディアの責任は非常に大きいと私は思います。

大統領選挙投票一カ月前の一六年十月七日、ワシントン・ポストはトランプ氏の問題発言を報道しました。〇五年放送のテレビ番組「Access Hollywood」の収録時、トランプ氏が女性蔑視のセクハラ発言をしていたというのです。[5]

アメリカ大統領選挙に、候補者は恒例のテレビ討論会を通じて米国民に直接訴えます。二年間に及ぶ選挙戦のハイライトです。

今回の選挙では、一六年九月二十六日（第一回）、十月九日（第二回）、十月十九日（第三回）の三回開催されました。ワシントン・ポストの記事が出されたのは、第二回テレビ討論会の二日前です。当然のことながらヒラリー氏はセクハラ発言を攻撃材料とし、トランプ氏を激しく罵りました。

一〇年以上前に収録されたテレビ番組である上、この発言はオンエアされない未放送の素材で、待ち時間に録音されていたものでした。そんな録音が、出演者であるトランプ氏の同意なしに流出して大々的に流される。テレビ出演者にとっては、こんなルール違反、信義則違反は卑怯《ひきょう》です。しかし、何でもありの大統領選では、当然出てしまったものは考慮の対象です。とはいえ、あまりにバッシングが加熱すれば有権者もいい気はしません。「相手を潰すためならば、どのような方法を採っても許される」と言わんばかりに卑怯な攻撃をお互いにやっていれば、結果的にエリートの信頼は失墜《しっつい》するでしょう。ところがアメリカのエリートも日本のエリートも、相手が憎ければどれだけ筋悪の攻撃であっても喜んでやってしまうのです。

ヒラリー氏の舌禍

一六年九月九日の党員集会で、ヒラリー氏はトランプ支持者の半分は“basket of deplorables”（嘆かわしく惨めな人々の集まり）、“racist（人種差別主義者）, sexist（性差別主義者）, homophobic（同性愛嫌悪者）or xenophobic（あるいは外国人を嫌悪する人々）”と罵倒しています。

後者は一般的な非難としてまだしも許容されるかもしれませんが、前者のようなくくり方は、多くの有権者から顰蹙《ひんしゅく》を買いました。

私が尊敬するアンカーマンであるアンダーソン・クーパー氏は、CNNで「Anderson Cooper360°」というニュース番組の司会を務めています。彼はヴァンダービルト家というアメリカ屈指の財閥ファミリーの御曹司ですが、非常にフェアで気配りの行き届いた有能な人物です。彼はヒラリー氏に好意的な立場なのですが、この発言については以下のように厳しく質問しています。こういう姿勢は、米国メディアに残る良心と言っていいでしょう。

〈あなたは「ドナルド・トランプの支持者の半分は嘆かわしい人種差別主義者で、男女差別主義者で、同性愛嫌悪症で、外国人嫌いで、イスラム教嫌いだ」と述べました。

あなたは後日、半分と言ったことを後悔している、と述べました。あなたは「嘆かわしい」という表現を使ったことには遺憾の意を表しませんでした。（略）数千万人の国民を見かぎるのなら、国を結束させることなどできますか？[6]〉

トランプ氏はヒラリー氏について、「あいつはリベラルで愛国心がない」「アメリカン・バリューがない」「嘘つきだ」と罵倒してきました。「愛国心がない」と決めつける理由として「ヒラリーはロシアと裏でつながっている」「クリントン財団にロシアから資金が流入しているではないか」という陰謀説を振りまいたのです。

ヒラリー氏は元々反ロシアの急先鋒ではありませんでした。ところがトランプ陣営のたれ流す陰謀論はたいへん破壊力があったため、ヒラリー氏はその後、明確なまでにロシアに対する攻撃を演説で強化していくことになります。

大統領選挙の誹謗中傷合戦がエスカレートすることによって、アメリカ国民が無駄なコストを背負わされている事実に、ヒラリー氏は思いを致すべきでした。長い選挙戦を通じてここまでロシアの悪口を言う候補が大統領になれば、その後の対ロシア外交がうまくいくはずがありません。挑発に乗ってしまえば、「政争は水際まで」という言い方も成り立たなくなってしまいます。

オバマ氏のジョークと民主党主流派の限界

一六年四月三十日、オバマ大統領はホワイトハウス記者を招いて晩餐会を開きました。この晩餐会は、大統領が政治やメディアの重鎮を招いてジョーク満載のスピーチをする壮大な無礼講のような企画です。[7]

オバマ大統領は、記者に向かって“You should be proud of yourself”（あなた方は〈トランプ氏がここまで来たのが〉さぞかし誇らしいでしょうねぇ）と言います。「メディアがおもしろおかしくトランプ氏の暴言を取り扱うので、トランプ氏を共和党の候補者指名獲得に近づけてしまった」と嫌味を言っているのです。この場面は、オバマ大統領が得意の弁舌で聴衆を魅了していると捉えることもできるのですが、私には、現在の民主党主流派の限界が露呈されているように感じられるのです。

オバマ大統領は、トランプ氏を攻撃していますが、どこか真剣さが欠けているのです。トランプ氏を支持し、彼を押し上げている「トランプ現象」という国民の声への真摯《しんし》さが足りないのです。

トランプ氏は、暴言を繰り返すだけの愚かな人物ではありません。彼は、メディア戦略を熟知しているプロデューサーですし、演説家としても、論戦を繰り広げるにしても特異な才能をもっています。テレビ番組の出演者として優れているだけでなく、彼は何をどう売り出せば顧客の心に届くかをよくわかっていました。

トランプ氏は「メディア不信」というボタンを効果的に押し、メディアだけでなく、現職の大統領までが、彼を甘く見て「トランプ劇場」に乗っかってしまった。何でもありの状態でメディアがトランプ叩きに狂奔するにつれ、有権者には「いくらなんでもフェアな報道じゃないよね」という印象を植えつけました。

トランプ氏の支持層とその性質を明確に認識できなかったのは、ヒラリー陣営、そしてメディアの失敗です。彼らは「トランプを支持しているのは、ルサンチマン（成功者への羨望とねたみ）を抱える貧しい白人だ」という仮説から離れようとはしませんでした。

自分が応援する候補を悪しざまに罵られれば、最初のうちは有権者の心も揺らぐかもしれません。ただし、あまりに激しい攻撃が続くと、有権者は次第に反感を覚えるようになります。ヒラリー氏がトランプ氏を叩き潰そうと攻撃の度合いを強めるにつれて、有権者は防衛本能が強くなり、自分が罵られているような気がして「絶対にトランプ氏を支持しよう」とかえって確信を強めるに至ったのです。

人種差別、LGBT差別、ポリティカル・コレクトネス（差別的な発言を慎み、自由と平等を追求する政治的正しさ）ばかりを強調されることに、中道の人々は疲れを感じていました。そのことにまったく気づかず、ヒラリー陣営はポジショントーク（自分の立場に有利になるような発言）に走りすぎて失敗したのです。

絶妙なアジェンダ・セッティング

アメリカのメディアも日本のメディアも、今回の大統領選では対立を煽ることばかりに偏ってしまいました。経済や外交など個々の政策について冷静に分析することなく、二人の候補者の衝突と摩擦、話題性のあるスキャンダル、バッシングを繰り返し取り上げたのです。アジェンダ・セッティング（議題設定）こそが政治の妙と言えるわけですが、メディアはトランプ氏が設定した舞台に完全に引きずり込まれてしまったのです。

　ヒラリー陣営は事実に基づいた政策論争によって、もっと冷静にトランプ氏を追い詰められたはずです。ところがヒラリー陣営は本来採るべき正攻法を採らず、人格攻撃を中心とする戦略に傾斜していってしまった。

　一六年二月二十五日にＣＮＮが主催して開かれた共和党の大統領候補者討論会で、最終的に予備選で三位にまでつけたジョン・ケーシック氏は、北朝鮮の体制転換をするために軍事侵攻を辞さないとしました。[8] 限定的空爆案は、第一次核危機が起きた九〇年代にクリントン政権内で検討されました。そんな昔の好戦的論議を、共和党の大統領候補になろうとしている人物がもち出したわけです。

　ところが、トランプ氏を追い詰めたいがために、民主党陣営はそこを厳しく突っこみませんでした。北朝鮮とは融和路線を結ぶという選択肢も、もちろんありえます。既成事実となってしまっている核武装を容認するかわりに、北朝鮮を中国のような改革開放路線へとソフトランディングさせていく。そのような選択肢を打ち出す大統領候補は、誰一人としていませんでした。しかし、トランプ氏だけは、前述のケーシック氏の話の流れを受けて、かつてのようにはアメリカは同盟国を守ることはできないと発言するわけです。しかし、大々的に取り上げられたのはケーシック氏の危なっかしい発言ではなく、トランプ氏の「韓国や日本などをもう昔のようには守れない」とする発言だけでした。

大規模侵攻はできない。かといって北朝鮮の核開発を放っておくわけにはいかない。ならば残る選択肢は、なんらかの対話・融和路線しかないわけですが、北朝鮮に対する第三の世界観を誰も打ち出せないでいる。そこに斬りこめないメディアも有識者も力不足でした。

ニューヨーク・タイムズのある保守派若手コラムニストは、「Trump Enablers」（トランプ勝利を許容する人々）について「勝ち馬に乗る心理がある」「トランプを制御できるという幻想がある」「破壊を求める衝動がある」と分析していました。[9] 鋭い指摘だったと思います。

民主党に対抗して政権を奪還するための本格的な候補を、共和党は即席でもいいから作りたい。「そのためならば、候補者の資質なんてどうだっていいのだ」という本音がエリートの中に見え隠れしていたことは否定できません。

トランプ氏には、アクターとしてもプロデューサーとしても天才的な資質があります。

「あとからハシゴをはずせばいい」と彼を甘く見ていた人たちをよそに、トランプ氏は大統領候補者としてとうとう共和党のトップに立ってしまったのでした。

第三章　‖　異例ずくめの大統領選挙

これまでの常識を覆す勝利

大統領選挙でのトランプ氏の勝利の仕方は、なかなか興味深いものでした。最も重視すべき結果は、アメリカ北部の産業州、特にペンシルベニア州、オハイオ州、ミシガン州、ウィスコンシン州などの動向です。これら北部の産業州は、今まで圧倒的にブルー・ステイト（民主党支持の強い州）でした。

「青い壁」が高く立ちはだかっていたはずの州を、ことごとくレッド・ステイト（共和党支持の強い州）へとひっくり返した。トランプ氏による転換は見事な逆転劇でした。

接戦州としてよく知られるオハイオ州のような州は、ヒラリー陣営も重視していました。アメリカには「オハイオを制する者は大統領選挙を制する」という言い回しがあり、選挙のプロはオハイオ州に着目するものだからです。しかし、あくまでも、ジンクスのように経路依存的に着目していたにすぎなかったのです。

トランプ陣営は、必ずしもオハイオ州に選挙戦の焦点を絞ったわけではありませんでした。彼は敵陣であるミシガン州に重点的に入っていきました。なぜトランプ氏がここまで熱心にミシガン州を重視していたのか、メディアによる分析（特に日本）は完全に欠けていたと思います。

「まさかミシガン州が赤色（共和党）に染まるはずはない」というのは、メディアを含め多くの人々の常識でした。ところがトランプ氏は、現にミシガン州の勢力図を僅差で塗り替えて、重要州を敵陣から切り取ってしまったのです。

アメリカの人口は都市部に集中しています。地方は圧倒的に共和党支持のため、これまでの選挙でも地方の州や郡部は真っ赤でした。地図の面積を見ると「共和党圧勝」と一瞬勘違いしてしまいますが、人口が多い都会を民主党が押さえているため、選挙では「青」が強かったわけです。

大西洋、太平洋に面している沿岸州の民主党支持は揺るがず、共和党はアメリカ中西部や南部、特に内陸の州しか取れない。こういうイメージがこれまで一般的でした。

今回トランプ氏は不法移民、特にメキシコからの不法移民を攻撃したため「ラティーノは、トランプ氏に強く反発している。彼らは今までとは違った高い投票率で、民主党に投票しに行くだろう」という見込みがヒラリー陣営にはありました。

さらに、選挙戦が押しつまっていくと、北部産業州に手を突っこまれている焦りから、むしろ戦いを伝統的に共和党が強い南部へと戦線拡大してしまいます。相手が優位な州で、大量の黒人票を掘り起こすことができれば勝てると勘違いしてしまったのです。後に述べるように、黒人票の伸びに期待したことこそ、敗因の大きな部分を占めています。

こうした数々の思い込みに基づいてやってきたヒラリー氏の選挙戦が、今回はすべて裏目に出てしまったことは結果が物語っています。

トランプ氏が「接戦州」を制したのはなぜか

「接戦州」と呼ばれる州は、これまでどのような接戦を展開してきたのでしょう。たとえばノースカロライナ州のような南部の州は、要するに白人と黒人の戦いです。黒人の多くの票を獲得できれば、民主党に覆る可能性があります。黒人の投票率が低ければ、白人の票のほうが上回ります。

今回顕著だったのは、北部の産業州においても、人口比一〇%強である黒人の出足が鈍かったことです。たとえばオハイオ州の統計を見ると、黒人は人口比で一二%います。これは全米の人口比とほとんど変わりません。ミシガン州の黒人は人口比で一四・二%です。

これだけの人口比率を占める黒人が選挙にあまり行かず、白人（特に地方の人たち）が熱心に投票すれば、結果は大きく左右されるわけです。都市部で黒人の投票率が上がらなかったことが、民主党にとって致命的な結果を生んだのです。

さらに言うと、産業が流出した結果として、北部の産業州では労働者人口がかなり減ってきています。そんな中、相対的に白人の中産階級が残ったとすれば、今後は北部の産業州は共和党の地盤となっていくかもしれません。このような人口動態の変化が、ついに選挙にも影響を及ぼしてきたのです。

ヒラリー氏は、北部の産業州を重点的に回ろうとはしませんでした。「ウィスコンシン州は伝統的に民主党の州だから」との油断がなかったとは言い切れないでしょう。

他方、トランプ氏はヒラリー陣営が完全に手薄になった産業州を重視しました。石炭や鉄鋼といった「重たい産業」に従事し、かつては一〇〇〇万円前後の収入だった人たちの支持を得るために、彼は重点的にこうした州を回りました。このような選挙戦略が大きな効果をもたらしたのです。

私が取材でフロリダ州を回った感覚から言うと、わりあい所得が高そうな身なりをしているフロリダ州のラティーノは、圧倒的に「トランプ支持」でした。我々日本人が外見をパッと見たときに、「この人はラティーノだ」と断言できる例は実はそれほど多くありません。アメリカにはスペインやポルトガル系由来の中南米系の人々の子孫が多く住んでおり、外見的には白人に見えるラティーノが多いのです。

彼らの中間層以上の層は、所得に基づいて税金を払う中間層として投票行動に及ぶのであって、必ずしもメキシコの不法移民に同情し、不法移民とアイデンティティを同じくしているわけではありません。トランプ氏が「不法移民は全員アメリカから出て行け」と叫んだところで、すべてのラティーノが反トランプに動くわけではないのです。

実際にはフロリダ州でも北部の産業州でも、今まで頻繁には投票に行かなかった層が投票に行きました。今まで、どちらかというと民主党に票を入れてきたマイルドな人たちです。今後、選挙結果の分析が進んでくると、かつてのレーガン・デモクラット（一九八〇年代に共和党のレーガン大統領に投票した民主党支持者）ならぬ、トランプ・デモクラットの存在が明らかになるのではないでしょうか。今回の大統領選挙の大逆転劇の内実は、これまでの選挙の常識とはかけ離れた現象が随所で発生したということでしょう。

ヒラリー氏の陣営は、なぜ選挙戦略について大きな読み違えをしてしまったのでしょう。彼女は「オハイオを制する者は大統領選挙を制する」という紋切り調の言い方を信じていただではありません。「オバマ政権の二回の選挙で入った黒人票が、同じように自分の元に来るだろう」。そのように非現実的な想定をしていたのです。

これまで私がどの黒人に話を訊いても、黒人初の大統領であるオバマ氏に対する支持は非常に高いものでした。しかし「ヒラリー・クリントン」という名前を出すと、黒人は曖昧な答え方をしたり、熱意のない一通りの支持を表明するだけだったりするのです。ヒラリー氏に対して、積極的な反感をはっきり示す黒人女性にも出会いました。

こうした現場の声を、ヒラリー陣営はつかみ切れていなかったのではないでしょうか。今までの常識や自分の思いこみ、希望的観測と想定に基づいて選挙を戦ったことが、ヒラリー氏の敗因の一つです。

投票直前の各メディアの予想と実際の投票結果は、ここまで読み違えが起こるかと驚くほどの食い違いぶりでした。どのメディアも「当確」と言わんばかりにヒラリー氏優位を報じていたのに、その結果は覆ってしまったわけです。

世論調査やメディアの取材を受けたときに、表立って「トランプ支持」と答えたくない「隠れトランプ支持者」が存在するかもしれない、つまり、「人種差別主義者、女性差別主義者だと思われたくない」と考え、質問を受けたときにごまかして答える可能性があることは指摘されてきました。私が思うに「隠れトランプ支持者」の存在は、男性というよりむしろ白人の保守の既婚女性の中で際立っていたと思います。その層こそが、オバマ氏に挑んだミット・ロムニー前共和党大統領候補のときは支持しながらも、事前調査ではトランプ支持率が低かったからです。しかし、フタを開けてみると結果はそうでもなかったのです。

トランプ氏に投票した女性有権者の考え

白人男性だけでなく、保守的な白人女性もどうやらヒラリー氏ではなくトランプ氏を支持する。女性であるのに、性差別発言を連発するトランプ氏を支持する。これはいったいどうしてなのか。ここにはいくつかポイントがあります。

第一に、女性はトランプ的な保守的なおじさんを見慣れているということがあります。彼のような男性が優位に立っていることが、アメリカ社会の現実であることを女性はよく知っています。

もちろんトランプ氏の一連の言動は、政治的な言論として正しくありません。しかし現実を見れば、表では「差別主義者だ」とトランプ氏を指弾する人たちが、家庭や会社で同様の発言を行ってもいるわけです。「そんなひどい発言はこれまでプライベートでも聞いたことがない」とトランプ氏を指弾している人たちがたくさんいました。ですが、男性社会の現実を知る女性の目には、偽善者に見えてしまったのではないでしょうか。

第二に、女性は「自分は女性だから」という観点だけで投票するわけではありません。彼女たちにとって、性差よりも「自分たちがどれくらい稼ぎ、どのくらい税金を払っているのか」という経済的な観点のほうが重要である場合もあるでしょう。

ラティーノについても、LGBTの方々についても、何らかのマイノリティに属することは絶対的なことではないのです。それぞれのマイノリティ集団には、当然ながら多様な層が存在しています。

私もそうでしたが、女性初の大統領の誕生を望む人にとっては、ヒラリー氏の敗北はとても残念な結果でした。しかし、みんなが「私は女性」「私はラティーノ」と、性別や人種・民族に基づいて政党を作れば、お互いに主張をまったく譲ることができない状態に陥ってしまいます。

「多様化」と、みんながアメリカ化する「同化」が同時に進行している現代アメリカならではの現象として、今回のアメリカ大統領選挙を見るとおもしろいはずです。

国際政治の世界では、民族紛争が起こったときに、停戦ラインを引き、異なる民族を別々の地域に分離させて住まわせるという和平案が取られることがあります。これをすることで、戦争の再発を避けることはできるかもしれませんが、もう元の多様な混住状態には戻れません。

アメリカはただでさえ、黒人の居住地域と白人の居住地域、豊かな地域と貧しい地域がキッパリ分かれている国です。アメリカでは、異なる者が分極化する圧力が常に働いていています。その分だけ、より強く「アメリカ化」の力も働きます。そのようなアメリカで、有権者を白人対黒人とラティーノ、女性対男性という二つの層に分けて見る考え方が果たして理想といえるのか。

トランプ氏は、女性を含めヒラリー氏の支持層に深く食いこみました。これは多くの有権者が「自分の属性を超えたアメリカ」というイメージを共有している表れでもあります。それは決して悪いこととは言えません。もちろん、そのままでは女性の権利は進展しませんから、そうした保守的な女性が女性の権利のためにも党やその支持者を変革していく必要はあるのですが。

ヒラリー陣営の二つの反省点

アメリカ大統領選挙は、前哨戦である中間選挙まで含めると、全部で約二年間も続く長期戦です。予備選挙や党員集会を経て民主党、共和党各党の大統領候補を絞りこんでいき、全国党大会でようやく一騎打ちする候補が二人決まります。

そこから本選挙に入り、十一月の第二火曜日が全米の一般投票日です。アメリカ大統領選挙は間接選挙であり、全有権者の投票数によって当選者が決まるわけではありません。一般投票の州ごとの集計で「選挙人」（代表者）を決めていきます。各州によって微妙にルールは異なるのですが、過半数を取った党が州ごとに定められた選挙人を総取りできるのが一般的です。その上で、十二月の各州の選挙人による投票をもって大統領が最終決定する仕組みです。厳密に言うとそれまで「当確」とは言えないわけですが、選挙人がこぞって対立政党に寝返ることはありえません。

アメリカ大統領選挙が以上のような仕組みになっているため、たとえヒラリー氏が一般投票の全米集計で過半数の票を獲得したとしても、過半数の選挙人を獲得できなければ選挙には勝てないわけです。

二〇〇〇年十一月の大統領選挙では民主党のアル・ゴア氏のほうが得票数で上回っていたにもかかわらず、共和党のジョージ・W・ブッシュ氏（子ブッシュ）に敗北します。今回の選挙でも、一六年十二月上旬の段階で「ヒラリー氏が約二〇〇万票以上も総得票数で上回った」という集計結果が出ています。

アメリカ大統領選挙がこういうシステムになっている以上、一般投票の勝者が選挙全体の敗者になることは、一定の確率で起こることなのです。

ヒラリー氏最大の反省点は、先ほど述べたように「一般神話」を信じて行動してしまったことでした。第二の反省点は、本書第二章で述べたように選挙戦を汚してしまったことです。選挙戦の最終盤、大枚を投じて対立候補を攻撃する広告を流したのは、トランプ氏ではなくヒラリー氏のほうでした。

あれだけヘイトに満ちた広告を毎日のように見せられれば、選挙に行くこと自体が嫌になるのが普通の有権者心理です。憎しみで人を煽ることができる程度には、限界がありますから。

もちろんヒラリー氏によるトランプ氏への人格攻撃は、効果を上げた側面もありました。

あのネガティブ・キャンペーンによって期日前投票が増えたことは事実ですし、そこではヒラリー氏が優勢でした。しかし、政治的に中間の立場を取る人々、あるいはヒラリー氏と自分自身を必ずしも同一視できない黒人やラティーノの票を、十分動かすには至らなかったわけです。

選挙終盤に貧困者対策に力を入れて訴えていたヒラリー氏のメッセージは、残念ながらマイノリティには届きませんでした。なぜメッセージが届かなかったか。「オバマ氏とは対照的に、ヒラリー氏は票やカネ、運動資金だけのためにマイノリティに焦点を定めている」という批判がかつてから強かったのも一因でしょう。

こうした批判は、必ずしもフェアではありません。ただし、全米各地で黒人による暴動が起きている状況に対し、ヒラリー氏が有力な対処策をもっているわけではないこともまた明らかでした。

私がアメリカで出会った黒人やラティーノの多くは、「ヒラリー氏は自分たちのために働いてくれている」という実感をもっていませんでした。「黒人やラティーノ、マイノリティの問題がアメリカで存在し続けたほうが、今後政治的活力として使える」と民主党陣営が腹の中で考えていることを、有権者は鋭く見抜いていたのではないでしょうか。

FBIによる落選の決定打

ここで、選挙戦に直接的に大きな影響を与えたヒラリー氏に対するFBI（連邦捜査局）の捜査問題について取り上げたいと思います。一五年三月、ニューヨーク・タイムズはヒラリー氏の「私用メール問題」を大きく報道します。オバマ政権（一期目の〇九～一三年）で国務長官を務めていたヒラリー氏は、連邦政府のメールアドレスではなく個人のメールアドレスと個人用サーバーを使い、公務に関する連絡をやり取りしていました。

公務におけるやり取りは公文書とみなされ、記録は連邦政府が保管しなければなりません。人に見られては困るメールがあるからといって、もし消去したり隠蔽《いんぺい》したりすれば、法律違反となります。この問題は結局大統領選挙の投票直前まで、一年半以上も尾を引くことになりました。

一五年十月、ヒラリー氏はアメリカ議会の公聴会に招集されます。実に一一時間にも及ぶ追及にさらされながら、ヒラリー氏はなんとか攻撃をやり過ごしました。事件性を調査したFBIは、アンドリュー・マッケーブ副長官が指揮を執って捜査を進め、「ヒラリー

＝シロ」と判定して訴追を見送りました。

ところが大統領選挙投票直前の一六年十月二十八日、ＦＢＩのジェームズ・コミー長官はヒラリー氏への事実上の捜査再開を発表します。副長官ではなく、長官レベルまで話が上がった結果、潮目が変わったわけです（ただし投票二日前の十一月六日、一六年七月の決定と同じく「訴追見送り」が決まりました）。

ＦＢＩがこのタイミングで捜査対象の拡大を発表したのは、現代が情報公開の時代であり、情報漏洩《ろうえい》の時代だからです。

元ＮＳＡ（国家安全保障局）職員、元ＣＩＡ（中央情報局）職員のエドワード・スノーデン氏が国家機密を大量にもち出してメディアにリークし、ジュリアン・アサンジ氏が創設した「ウィキリークス」が世界中の機密情報をウェブサイトでダダ漏れにする。タックス・ヘイヴン（租税回避地）における脱法的な税金逃れの実態が、「パナマ文書」公開によって世界中にバラされてしまう。

こうした情報公開の時代、情報漏洩の時代においては、臭いものにフタをしておきたくても隠し通すことはできません。ヒラリー氏のお膝元である民主党幹部からは、選挙戦を通じて次々とメールが流出しました。醜《みにく》い内部分裂や、赤裸々な民主党幹部の本音が白日の下にさらされ、ヒラリー氏や民主党への期待を萎《しぼ》ませていきました。

ＦＢＩはもはや、ヒラリー氏のメール問題にフタをして隠し通すリスクは冒せませんでした。メール問題を徹底的に追及せず、「ヒラリー候補を擁護した」とみなされれば、トランプ氏が大統領になった暁にＦＢＩの組織そのものが捜査の対象となります。そうなれば、幹部は粛清の対象となり、ＦＢＩの組織そのものが潰されるかもしれないわけです。

ヒラリー氏の捜査再開は「ＦＢＩの組織防衛のロジック（論理）で行われた」と見るべきと思っています。コミー長官が共和党支持者であるから、トランプ氏に援護射撃を与えたのだとする向きもありますが、違うと思います。

情報を隠したことが選挙後に明らかになれば、コミー長官をはじめ幹部すべての責任問題になることは明白でした。情報を隠してごまかすよりも、情報を早期に出し切ったあとで火種を打ち消すほうが、リスクは少ない。情報の透明性を確保し、ＦＢＩは組織防衛を優先しました。

ただし、捜査再開宣言からたった一週間で「不起訴」を発表したのは、あまりにタイミングが早すぎたと思います。あくまでも推測ですが、この発表については民主党サイドから何らかの圧力があった可能性も捨てきれません。今後とも、米国政治の火種となっていくかもしれません。

スキャンダルに強いトランプ氏

「ヒラリー氏への捜査再開」が発表された一六年十月二十八日は、期日前投票の真っ最中でした。「訴追見送り」が表明された十一月六日までの間に、相当な人数が期日前投票に出かけたことでしょう。

いったん作られた印象はなかなか覆せないもの。「訴追見送り」が再度アナウンスされたからといって、十一月六〜八日の三日間で「ヒラリー優位」の機運が大きく高まることはありませんでした。結果的に、メール問題は、民主党支持者の出足を鈍らせる効果をもってしまいました。

ヒラリー氏のメール問題を、トランプ氏は"constitutional crisis"（憲政の危機）という表現で激烈に攻撃しました。「憲政の危機」とは、アメリカ人にとって極めて深刻な事態です。日本でも同様でしょう。国家機密情報の取り扱いに問題があるばかりか、もしかすると重要な情報を隠蔽したかもしれない。そんな人を選挙直前にリーダーとして選ぶことには誰しも二の足を踏むでしょう。

もし、ヒラリー氏が勝利していれば、トランプ陣営と共和党は「選挙の正当性を疑う」と批判しつつ、メール問題についてさらに徹底的に騒ぎ続けたことでしょう。

ずっとエリートの社会で暮らしてきたヒラリー氏は、「彼女はさまざまな秘密を抱えている」「何かを隠している」という印象を最後までぬぐうことができませんでした。

もちろんトランプ氏にもさまざまな秘密はあるはずですが、彼は女性蔑視発言にせよ人種差別発言にせよ、すべてをオープンにしている。その戦術のおかげで、トランプ氏は「何かを隠している」という印象をまったくもたれません。だからスキャンダルや批判にさらされても強いのです。

アメリカの有権者は、政治に何を求めているのでしょう。八年間続いたオバマ氏の政権運営は混迷を極め、ワシントンの政権中枢は膠着《こうちゃく》状態にあります。有権者はワシントンを立て直し、きちんと機能させてくれるリーダーを望んでいます。

ワシントンを立て直して機能させるためには、壊し屋であり、なおかつ再び建設できる人がリーダーでなければいけません。既得権益に頓着《とんちゃく》せず、スクラップ&ビルドが両方できる人は、ワシントンのアウトサイダーである必要があります。

有権者は膠着した現状をちょこまかいじる弥縫策《びほうさく》ではなく、解決策へ到達するための破壊を求めていました。行き詰まったアメリカを立て直すためには、まず思いきった破壊をした上で、再構築しなければならない。だから有権者はヒラリー氏ではなく、アウトサイダーであるトランプ氏を推したのです。

巧妙なメディア戦略

アメリカのメディアは、トランプ氏によるメディア戦略にまんまと利用されました。トランプ氏はニュースが出るサイクル、ニュースが次に盛り上がるサイクルを完璧に熟知しています。

例を挙げると、十一月八日の大統領選挙投票直後に、トランプ陣営に近い政治家が「我々は不法移民をいきなり強制送還したりしません」と安心感を訴えました。するとトランプ氏の支持者は「本当に不法移民を強制送還してくれるのか」と怒るわけです。

トランプ氏がCBSテレビの看板ニュース番組「60ミニッツ」に出演すると（一六年十一月十三日）、正面からこの問題について質問をぶつけられました。するとトランプ氏はこのように答えます。
「どうするかって言ったら、不法移民の中でも犯罪者、犯罪歴がある者や、ギャングのメンバー、薬物取引をやっている者はたくさんいて、たぶん二〇〇万人くらい、ひょっとすると三〇〇万人くらいいるかもしれない。彼らを本国に強制送還するか、牢獄に入れる[10]」というわけです。

不法移民の中には非常に勤勉で良い人たちがたくさん含まれているわけですし、不法移民だからといっていきなりすべて追い出すわけではない。まずは犯罪歴がある人をアメリカから追い出し、国境地帯を安全にする。次になすべきことは、それから決めればいい――そうトランプ氏は発信するわけです。しかし、二〇〇万～三〇〇万人犯罪者がいるというのはいくらなんでも盛りすぎです。

このトランプ氏の発言によって、二種類の方向性が生まれました。左派からは「不法移民の中に犯罪者が二〇〇万～三〇〇万人もいるわけがない。せいぜい数十万人だ」という主張を出さざるをえません。凶悪犯罪、麻薬密売を含め、凶悪犯罪に関わっている不法移民の数が、皮肉なことにリベラル派サイドから打ち出されるわけです。

他方で、「犯罪者だけが強制送還されるのだ」と安心する人たちも出てくるわけです。

人々は二〇〇万～三〇〇万人と数十万人の間のどこの数字がボーダーラインになるかをめぐって、論争を始めます。

これは実に巧妙な論点の設定です。大統領選挙直後、人々は見事にトランプ氏の戦略に乗っかりました。「二〇〇万～三〇〇万人」という具体的数字をめぐり、トランプ氏の土俵の上で論争が展開されたのです。

「ゲームのルール」を握り続けるトランプ氏の手腕

思い出してみてください。選挙戦を通じてトランプ氏は「一一〇〇万人の不法移民を全部アメリカから追い出す」と豪語していました。その公約を正確に守らないことを、もはや誰も気にしていないわけです。

大統領選挙直後に公約を「一一〇〇万人」から「二〇〇万～三〇〇万人」と大きくトーンダウンさせたにもかかわらず、そのことを誰も気にしていない。そして犯罪者の推計人数という非常にセンシティブな数字を、本来そういうことに慎重であるはずのリベラル派が出してしまう。

トランプ氏は政治というゲームのプレイヤーとして秀でているようです。もちろん私は、彼が展開する「ゲームのルール」が良いとは思いません。しかし、彼が支配する「ゲームのルール」によって、皆が踊らされる。その事実について、私たちは自覚的であるべきです。

これからアメリカでどのような変化が起きるか。予想は難しいのですが、当分はトランプ氏が主導権を握る展開が続くのではないでしょうか。左右の陣営が意識せずに歩み寄っていくような展開です。トランプ氏が、暴言を吐いて不安を煽った上で、鷹揚《おうよう》に「大丈夫だ。心配する必要はない」とそれまでの発言をちょっとでも軟化させれば、移民政策に触れたときと同じく、アメリカ国内がその方向で収斂《しゅうれん》していく。「トランプ劇場」は、このように選挙後も当分続くのです。

第四章　‖　「トランプ現象」の本質

表面的に留まった「トランプ現象」への理解

アメリカ大統領選挙は長期戦です。二人の候補が一騎打ちする四年に一度の本選挙までには、民主党と共和党それぞれが予備選挙や党員集会を開き、それぞれの党がかつぐ一人の候補を決定していくのです。

予備選挙序盤の最大の山場は、最も多くの州の投票日が一日に集中する「スーパー・チューズデー」（Super Tuesday）です。今回の「スーパー・チューズデー」は一六年三月一日の火曜日。全米五〇州のうち、最大の一一州で予備選挙の投票が行われました。共和党についてはテッド・クルーズ候補やマルコ・ルビオ候補を抑え、トランプ氏が大躍進しました。今回の共和党の予備選挙を後から振り返ると、この時点で勝負がついたのかもしれません。

トランプ氏については、「スーパー・チューズデー」までに日本のメディアでも大きな関心をもって報じられていました。ところが「トランプ現象」に対する理解は、表面的なものに留まっていました。トランプ氏の傍若無人な振る舞いや暴言の数々が「奇行」として取り上げられることはあっても、有識者のほとんどは「困ったものです」と言うのみで、それを超えた分析というものは見られませんでした。反対に、トランプ氏を支持するかのような言説は極端なものが目立ち、エリートを駆逐するその戦いに単に小気味よさを覚えていたようにも見えました。

したがって、トランプ旋風の実態については、せいぜい「ポピュリズム」（大衆迎合主義）や「排外主義」という言葉をあてがって批判することはあっても、その現象の本質と向き合おうとする声はほとんどありませんでした。

もちろん、識者の多くは、トランプ氏が予備選挙を勝ち抜くことも予想外だったでしょう。「スーパー・チューズデー」決戦前夜、トランプ氏は共和党支持者のうち、実に半数もの支持を得る状況に至ったのです。

「スーパー・チューズデー」の段階で、トランプ氏以外に残された共和党の有力候補は、主流派の支持を集めた右寄りのルビオ氏、そして、保守強硬派の支持を集めたクルーズ氏でした。

「スーパー・チューズデー」の決戦後も、三分の二の州はまだ投票を行っていませんでした。ルビオ氏やクルーズ氏に逆転の勝機はあったものの、その可能性は「スーパー・チューズデー」によって大きく狭まり、最終的に一六年七月十九日、トランプ氏が共和党指名候補の座を勝ち得ています。

「ポピュリズム」や「排外主義」というレッテル貼りを超えた、歴史の流れの中での「トランプ現象」への真摯な理解が重要であるにもかかわらず、その作業が進まなかったのです。

「アメリカの自画像」をめぐる戦い

トランプ氏が戦ったアメリカ大統領選挙は、人種・宗教・文化における「アメリカの自画像」をめぐる戦いでした。

白人キリスト教徒の中産階級は非常に幅広い集団ですが、世帯収入が三〇〇〇万円以下の多くの有色人種の人々のように苦しい生活をしている人は相対的には少なく、もう少し上の収入帯がボリュームゾーンです。上は世帯収入が二〇〇〇万円前後までの層をイメージしてください。

その中産階級は、アメリカ社会の中で文化的に優位に立っていたはずでした。ところが、人口動態の変化と、メディアでのリベラル文化の隆盛が顕著になっていくにしたがって、彼らの優位が切り崩される危機感が募《つの》っていきます。白人キリスト教徒の中産階級の中で「民主党政治への苛立ち」「リベラルへの憎しみ」が盛り上がっていったのです。

民主党はもともと「地場で顔をよく見知った政治」が得意だったわけですが、だんだんと動きが全米規模化してきました。オバマ政権後半期になされた政治的言説の多くは、多様性やマイノリティに対する配慮の言説で占められています。民主党の政治家のスピーチを分析してみると、明らかにそうした言辞が増えています。

多様性を称揚し、マイノリティに配慮することが間違っているわけではありません。それは、アメリカが長年かけて進歩した証でもあります。しかし、政治の現実も、社会の現実も、一つのストーリーで語ることはできないものです。

部外者である私が違和感を覚えたのは、大統領選挙と重なったリオ五輪に関する米国メディアの報道姿勢でした。リオ五輪では、アメリカのシモーン・マニュエル選手が競泳の個人種目で黒人女性として初めて金メダルを獲得しました。アメリカのメディアの五輪報道も、民主党側から聞こえてくる発言もマニュエル選手一色という日が数日続きました。ただ、よく考えてみると、アメリカは競泳大国であり、金メダルを獲得した米国選手は他にもたくさんいたのです。しかし、彼、彼女たちの努力と成果がリベラルなメディアから賞賛されることは、ほとんどなかったわけです。マニュエル選手が、人並み外れた苦労の末に金メダルを獲得したであろうことは想像に難くないけれど、その他の選手の成果にも語られるべきストーリーがあったはずなのに。

多くの有権者が、リベラルに振れすぎた価値観と、民主党の変化に戸惑っています。「本来であれば、与党である民主党は主要な外交政策や経済政策を論じるべきだ。なぜ行き詰まるアメリカを打開するための大きな論点を避けてごまかし、全然違う論点である文化的多様性やマイノリティ対策ばかりに言及するのか」

オバマ大統領や民主党の政治家の演説を聞きながら、人々は「最近の民主党はちょっとおかしいぞ」と違和感を募らせていきました。

文化的多様性やマイノリティ対策に言及する民主党のやり方が、弱者を利用しているように見えてしまったことへの反発もあります。リベラリズムの根幹には「弱者はかわいそうだ。かわいそうな人たちをなんとか助けてあげよう」という「上から目線」の意識があります。

力強くリーダーシップに富み、経済的にも恵まれている政治家がマイノリティをわざわざ称揚して、自分が演説するときには脇に立たせる。まるで演劇を客に見せる演出家が、有色人種やマイノリティ、LGBTの人たちを「脇役」のように取り扱いながら、舞台の上で大げさに褒《ほ》め称える。そういった民主党の手法に対して「実はこれは弱者ビジネスなのではないか」という疑念が生じてきたのです。

金融危機の犠牲者たちの民主党離れ

〇八年十一月、アメリカで初めて黒人大統領が誕生しました。選挙前年の〇七年から金融危機が起こり、〇八年九月にはリーマン・ショックが発生しています。金融危機にどうにも対処できなくなったブッシュ政権末期の危機的状況を、オバマ政権がそのまま引き継がねばならなかったのです。

サブプライム・ローン（低所得者向けの住宅ローン）のずさんな実態が明らかとなり、大手金融機関までが破綻《はたん》していく中、アメリカの産業界全体が揺れていました。住宅ローンやリスク債務が適格に値付けされないまま、さまざまな金融商品に潜りこまされ、証券化されて売られました。リスクの本質が的確に理解されないまま、複雑性を増した金融商品の販売量だけが増加していきます。

リスクが逆回転を始めたときに、大規模な金融危機の発生は不可避でした。住宅を購入していた人たちはローンを払えなくなって家から追い出され、危険な金融商品に手を出した人たちは大きな損失をこうむりました。これらの投資資金の多くは、子どもの教育費の積み立てであり、老後の生活資金のための年金運用でした。投資が人々の生活の一部をなしている米国では、金融危機が人々の生活を直撃したのです。

一連の金融危機に続いて、企業の自己防衛が始まりました。もともと自分が手を出すつもりではなかった不安定な高リスク債権に手を出してしまったせいで、多くの企業の財務状況が悪化していました。投資のための資金を運用していたあらゆる金融機関、保険会社や企業へと被害が広がっていきました。

金融機関が打撃をこうむれば、企業に対する貸付は滞《とどこお》ってしまいます。銀行の債権が痛んでくると、今度は銀行を潰さないために、「銀行は自己資金比率を上げておけ」という圧力がかかります。リスクが更なるリスクを呼ぶサイクルに入り、世界経済の循環はパタリと止まってしまうのです。〇七〜〇八年のアメリカの失敗は、「トランプ現象」勃興《ぼっこう》の間接的原因となりました。

経済的な苦境は、所得階層、年齢、地域ごとに色合いが異なります。年金生活者が立てていた老後の人生設計は、大きく狂ってしまいました。〇七〜〇八年以降に住宅を買おうと考えていた人の予定も狂い、自分の人生に投資を行おうと思っていた人たちも計画を断念することになります。

「これから就職しよう」「車を買おう」「子どもを生んで家を買いたい」「世界に出て行こう」と希望を抱いていた若者たちにも、深刻な打撃が襲いました。

アメリカの自動車産業の幹部は、いかに今まで自分たちが従業員に恵まれた給料を払ってきたかを議会で証言し、注目を浴びます。追い詰められた企業の現状があらわになると、ここは労使協調して賃金を下げるべきだという圧力が働きました。そして長年高値を維持してきた労働者の給与は、ガクッと下がります。時給換算で半分にまで賃金が減る、極めて厳しい状況が生じました。

アメリカではよく「リスペクタブル」という言い方をしますけれども、人々から尊敬されるきちんとしたまともな生活を送り、自活してきた人たちが、ことごとく大きな傷を負ってしまいました。彼らの怒りが爆発し、その怒りの矛先が、政治家とウォール・ストリートに向いたのも無理はありません。

そういう不満を抱える人の前で、民主党はマイノリティを称揚する演説を繰り返していたのです。そうすると、民主党支持者は次第に「つらいのはマイノリティだけじゃない。オレたちだってこんなにつらい思いをしながら必死で耐えている。あいつらマイノリティは何を国家に報いてきたのか。分け前をもらうだけではないか」といった発想をするようになり、「サンダース旋風」と「トランプ現象」を呼びこむことになったのです。

平等をめぐる「五〇年間の変化」

「トランプ現象」を理解するためには、アメリカ社会における三つの変化を理解する必要があります。「五〇年間の変化」「二〇年間の変化」「八年間の変化」という三つの時間軸の中で進行した変化です。それぞれについて見ていきましょう。

まず「五〇年間の変化」とは、一九六五年から二〇一五年の間を指します。この時期、アメリカでは黒人差別に反対する公民権運動が盛り上がり、それから五〇年経ったころに「トランプ現象」が起きました。

十九世紀半ばの南北戦争（一八六一〜六五年）以後、黒人たちは名目的には平等を達成したものの、実質的な平等は確保されていませんでした。南北戦争が終わった段階で、建前としては「アメリカは奴隷制を認めない」ということになりました。しかし公民権運動が成功するまでは、黒人たちの市民的権利は有名無実と言ってもいいものでした。公民権運動は、南北戦争によって決着したはずの奴隷制と人種差別を、本当に終焉《しゅうえん》させるための戦いでした。

黒人は差別的な法律を通してきた州や自治体に圧力をかけ、全米レベルで公民権を認めさせようとします。黒人は実質的な平等を求めて立ち上がり、南部諸州における人種差別隔離政策の撤廃を勝ち取りました。ベトナム戦争（一九六四～七五年）が激化する中、黒人に対する処遇はアメリカの中で変化していきます。

一九六五年から五〇年が経った今、バスに乗るときに人種別に分けて座ることに賛同する白人はどこにもいません。五〇年も経てば世代は二回転します。アメリカ社会が人種差別を乗り越える上で随分遠くまで来たというのは確かです。

ところが黒人たちは、いまだに強い不満をもっているのです。第二章で触れたＢＬＭ（Black Lives Matter ＝「黒人の命は大切だ」）という黒人運動は全米を駆け巡り、各地で暴徒化して警官や州兵隊と衝突しました。治安維持のため、官憲が民衆に向かって武力を使うこともあり、流血の惨事も起きています。

公民権運動が始まってから五〇年も経っているのに、なぜ今こんなことが起きているのでしょう。人種問題への対処策は根本的に間違っているという不満が生じ、ＢＬＭに代表される黒人は本格的な運動を展開していきました。五〇年前に比べて運動は収まるどころか、先鋭化しているのです。

アメリカで主流化する人種問題

五〇年前の黒人は、「バス・ボイコット運動」を始めたローザ・パークス女史のように「流血の騒ぎを起こすな」「我らは平和的に抵抗するが、武力抵抗はしない。非暴力的な不服従運動を展開するのだ」と訴えました。教会の指導に基づき、人種差別への不服従運動を粛々《しゅくしゅく》と進めたわけです。

それに不満を覚えるグループが現れ、六六年、アメリカ西部で「ブラックパンサー」（黒豹党）という組織が結成されました。過激な武力闘争を厭《いと》わない「ブラックパンサー」的な活動は、あくまでも人種差別撤廃運動における傍流だったと黒人社会では位置づけられています。

ところが、実態は異なるものでした。武力闘争を含めた黒人の過激な運動は、政権にとっての脅威《きょうい》と圧力になりました。投票所に行く黒人たちを脅《おど》そうと待ち構えている白人の州兵や武装民から人々を守ったのは、ベトナム戦争や朝鮮戦争に従軍した黒人の帰還兵たちでした。不服従運動を、銃をもってまわりから守る勢力がいたからこそ権利が勝ち取れたのだという史実がだんだんと明らかになってきたのです[11]。人種差別問題が内戦になることを怖れ、政権は黒人に妥協しました。

人種問題がアメリカでメインストリーム（主流）化するのには五〇年近くかかったといえるかもしれません。オバマ大統領が誕生し、さまざまな人種問題の提起を通じて光が当てられるようになったからです。

一九六五年から五〇年間、アメリカ南部では「民主党に裏切られた」と思っている白人たちが民主党支持から共和党支持に乗り換え、南部における民主党の基盤は弱体化していきました。公民権運動を経て生まれた平等政策は、連邦政府の権限拡大という形で保守的な州に入って行きました。結果として、南部で暮らす白人の反連邦感情を醸成していったのです。

民主党は、アンドリュー・ジャクソン大統領（一八二九〜三七年）以来の伝統として「州の自律性」をもともと重視してきた政党です。「自分たちはワシントンのエリートではない」「北東部のエリートではない」と言っていたはずの民主党は、いつの間にか連邦政府の住人へと変わっていきました。

ギングリッチ革命と「二〇年間の変化」

続いて「二〇年間の変化」とは、一九九五年から二〇一五年にかけての変化です。この時間軸はクリントン政権期（九三〜〇一年）の前半、共和党が議会を席捲《せっけん》した当時に起源をもちます。

九四年十一月、共和党は中間選挙に勝利して上下両院を押さえることに成功しました。それまで下院では、四〇年にもわたって民主党優位の議会構成が続いていました。共和党はその議会構成を、実に四〇年ぶりにひっくり返したのです。

共和党はもともと求心力が弱いタイプの政党です。エリートの多くはアメリカ北東部に住んでいますし、保守的な勢力の代表は地域ごとに分散していました。そこでニュート・

ギングリッチ氏（九五〜九九年にアメリカ下院議長）は、地方にいる共和党の大物たちを統合して、一つの政党としての主導力を発揮していきます。

減税政策と社会保守政策を組み合わせた共和党の政策転換――通称「ギングリッチ革命」は見事に成功しました。ギングリッチ氏は、保守的な社会的イデオロギーを前面に出すことによって、共和党の諸派をうまくまとめ上げます。

「銃をもつ権利は憲法で保護されたものだ」「婚姻とは男性と女性の間でなされるべきだ」といった「あまり急激に社会が変化するのは嫌だ」という感覚を、ギングリッチ氏は中央の政治に関心がなかった人たちに訴えて回りました。その試みによって「自分も昔からそう思っていた」という人々の共感を呼び起こしたわけです。

もともと共和党主流派がもっていた減税という考え方と、「我々の社会にはなるべく中央政府が介入してこないほうがいい」と考える「小さな政府」支持者をくっつけたのです。この「ギングリッチ革命」は功を奏し、九四年十一月に行われたクリントン政権の中間選挙で、共和党が議会を席捲しました。[12]

「中絶反対」「同性婚反対」「マイノリティ優遇政策（アファーマティブ・アクション）反対」「環境問題への懐疑」「銃保有の保護」といった諸政策には、キリスト教的で白人中産階級的な価値観が貫かれていました。重要だったのは、これらの社会的価値観を反映した政策が「小さな政府」の言説と結びついたことです。

それは、公民権運動以来のアメリカ政治のリベラル化が、連邦政府によって主導されたことに対する拒否反応でした。「連邦政府はリベラルであり、すなわち敵である」という発想から「小さな政府」が求められたのです。それは、グローバリゼーションにより白人中産階級の相対的な地位低下が密かに進行していた中で起きました。

白人中産階級の地盤沈下

九〇年代初めのアメリカは、冷戦に勝利した世界最強の帝国とはとても思えないほどに荒《すさ》んでいました。豊かさは損なわれ、街々の治安も最悪でした。ところが、クリントン政権が任期を終える九〇年代終わりまでには、ＩＴ革命が本格化し、「クリントン政権は経済を立て直した奇蹟的な政権だ」と言われるまでになったのです。

ただし、実際には、このような成功の種はロナルド・レーガン政権（八一～八九年）やジョージ・Ｈ・Ｗ・ブッシュ（父ブッシュ）政権期（八九～九三年）に蒔《ま》かれたものであり、たまたまクリントン政権期に花開いたという見方もできます。しかも、ＩＴ革命は政権が主導したというよりも、民間セクターが主導した側面が大きいわけです。

九〇年代といえば、日本はバブル崩壊以後「失われた一〇年」と言われた経済低迷期の真っ只中にあり、ドイツは統一後の混迷期にありました。新興国の経済発展もいまだ初期の段階にあったので、「世界経済はアメリカのひとり勝ち」という状況でした。ＩＴ革命によってアメリカの産業は息を吹き返したわけですが、白人中産階級や、普通のスキルしかもっていない人たちの地位は、この好況の中で相対的に低下していきます。白人中産階級の地盤沈下はその後ゆっくりと進行し、いわば時差をもって今日決定的な政治的帰結を迎えたわけです。

オバマ政権の〇九年あたりから、共和党を支持する保守系市民によって「ティー・パーティ」という市民運動が始まります。この運動は共和党内にたいへんな影響をもたらしました。

彼らの運動は、もともと連邦政府に対する反感を基盤として形成された市民オンブズマンのような性格をもちます。連邦政府の無駄や不正、議会の汚職、談合やなれ合いに、強く反対するものでした。「ティー・パーティ」が不満をもって選挙に行かなければ、共和党の候補が選挙に負けることもありうる。それほどの勢力へと「ティー・パーティ」は伸長していきます。

「ギングリッチ革命」という下地の上に、「ティー・パーティ」が生まれ、共和党内で強い力を占めるようになっていったのです。

リーマン・ショック以後の「八年間の変化」

三つ目の時間軸「八年間の変化」についてもご説明しましょう。「八年間の変化」とは、〇八年十一月の大統領選挙で勝利してからのオバマ政権期を指します。

リーマン・ショック後、アメリカ経済はほどなく回復へと向かいました。それは、他の先進国と比較して際立っていました。ただ、経済全体は力を取り戻しても、一度損なわれた個々人の生活が簡単に回復するわけではありません。今までかなりの給料を稼いで家庭を築き、家や車を買ってなお貯金があるような層はそれでも耐え抜くことができました。

経済危機は、脆弱《ぜいじゃく》な層に最も大きな影響を与えるものです。リーマン・ショックによって就職条件が格段に悪くなり、これから社会に出ていく若年層の生涯賃金が下がったのは明らかです。まだ四～五年しか働いていない状態でリーマン・ショックに見舞われた世代は、高額の学資ローンを抱える人が少なからずおり、多くの貯蓄があった人は少数でしょう。そんな状態でローンを抱え、子どもを育てるとなれば生活は大変です。オバマ大統領の八年間は、特に若者たちが虐《しいた》げられる厳しい状況がずっと続きました。

アメリカの人種構成を見ると、ラティーノ以外の白人が六一・一％、ラティーノが一七・六％、黒人が一三・三％、アジア系が五・六％です（一五年時点）。「アメリカには白人が七～八割いる」と言われてきたわけですが、最近の国勢調査を実施してからもラティーノの流入でその割合は低下しつつあり、六一・一％という数字を見れば、白人の比率はだいぶ低くなってきていることがわかります。

このような白人の出生率の低下をしり目にラティーノ移民がどんどん増えるという社会構成の変化も、オバマ大統領の八年間のうちに起きました。「オバマの八年間」に苛立つ保守派は、自分たちの権利を守るために戦っています。オバマ政権があまりにリベラルだったため、リベラルに反発する勢力はどんどん右へと振れていきました。

無差別銃撃テロなど不幸な重犯罪が起きたとき、まず社会の反応としては犯人を咎《とが》めるのが普通です。ところが左右両極が極端に流れる中、重犯罪が起きたときに「銃規制」

「同性愛容認」「テロに対する全米的な取り組み」といった大きな文脈で批判合戦が行われることがアメリカではしばしばです。

地に足を着け、その地で起こった犯罪の実像に目を向けることなく、すべてが政治利用されていく。この傾向がオバマ大統領の八年間でさらに強まったことは確かでした。

オバマ政権時代の「人種レトリック疲れ」

私はよく「人種レトリック疲れ」と表現するのですが、本来人種問題とは言えないはずの問題が、なぜか人種問題に仕立て上げられていくという現象が頻発することに対する人々の嫌気を指しています。

オバマ大統領のスピーチは、どれをとってもほとんどすべてが「自分は黒人でありながらアメリカ大統領になった」という「黒人の歩み」の上に語られます。

外交政策をはじめ何から何まで、すべてが「人種レトリック」に引き寄せられて語られます。「人種レトリック」はオバマ大統領が一番興味をもち、一番打ち出したいメッセージなのでしょう。

たとえば、白人警官が黒人を撃ち殺したり、黒人の犯罪者が白人を銃撃する罪を犯したとして、銃を撃った側はもしかすると人種問題を意識していなかったかもしれません。しかしそのような犯罪が起きると、人々がすべてを人種問題に結びつけて語るのです。

すると白人は「自分は悪い白人の側にいる」とラベリングされたような気になり、黒人も「オレたちは白人に危険視されている」あるいは「虐げられる弱者だ」と認識しがちです。生まれや出自、肌の色は、自分ではいかんともしがたい属性です。その属性によって区別されてしまう「人種レトリック」に、多くのアメリカ人が疲れを感じています。

ジョン・F・ケネディ大統領（六一〜六三年）を含め、昔の民主党大統領は公民権運動にあまり同情的ではありませんでした。歴代大統領は権利などまったく鼻もひっかけなかったわけですが、運動が暴力化する様子を見て、リンドン・ジョンソン大統領（六三〜六九年）が重い腰を上げて黒人の権利を認めたというのが実情です。

今や政治運動の大会では、「人種レトリック」を訴えることに膨大な時間が割《さ》かれています。それが票と資金につながっているからです。「人種レトリック＝ビジネス」と言ってもいいかもしれません。アメリカで政治組織に組みこまれていない黒人の意見を丹念に聞いてみると、実際多くの人がそう思っており、どの政治家のことも信用していないという現実が見えてきます。

対話不可能なまでの政治の二極化

オバマ大統領の八年の間にアメリカ政治の二極化は決定的となり、リベラルと保守の間の乖離は、まっとうな対話を不可能にするまでに至ってしまいました。

オバマ政権の下で医療保険制度改革（オバマケア）や同性婚容認などのリベラルな政策が実現する一方、不人気なイラク戦争の余波を受けた一時期を除いては、議会では共和党優位の状況が定着しています。

このようなねじれ現象を受け、議会共和党は、「二〇一〇年当選組」の強硬派を核として、民主党に対して徹底した妨害主義を採りました。この妨害主義の一部が「人種的な動機に基づいている」と解釈されたことから、リベラルの側から強烈な反発を受けています。その間、全国レベルではリベラルな州はますますリベラルに、保守的な州はますます保守的になっていきました。

もう一つ重要なのが、先ほどの「アメリカにおける人口構成の変化」です。有権者に占める非白人割合は継続的に増加し、従来言われていた共和党に対する非白人層での不人気が、一二年十一月の大統領選挙では一つの臨界点に達しました。

共和党は非白人層に浸透できず、反オバマ感情の高まりを勝利へと結びつけることができていません。その原因として、黒人票やラティーノ票の取り込みが足りないことは明らかでした。そのような状況下で、共和党の苛立ちが頂点に達した中、現れたのがトランプ氏です。「トランプ現象」については、分断の要素を強調する意見が大半ですし、彼の存在は「分断を加速する」として否定的に語られます。

けれども、果たしてそれだけと言えるのか。トランプ氏個人の存在感に幻惑されず、あくまで「現象」についての理解に努めたならば、それはアメリカ政治の分断を乗り越える試みとして捉えることもできます。以下は「トランプ現象」を捉えるための試論です。

「トランプ現象」を形成する四つの要素

「トランプ現象」の本質を見極め、現在進行形で拡大するその影響の全体像を把握するのは難しい作業ですが、私は以下に掲げる四つの要素が重要だと考えています。

第一は、九〇年代に進行した共和党の政策メニューとしての社会政策と経済政策をディカップリングすること。つまり、保守的な社会政策と結びついていた「小さな政府」の経済政策を切り離すことです。

実際、トランプ氏は保守的なレトリックを使っているだけであって、彼の社会政策が従来的な意味において保守的であるのかさえはっきりしません。トランプ氏のやり方は、アメリカ政治の分断の本質をリベラルな政治的言説と、保守的な政治的言説に求める発想です。分断しているのは言説であって、政策ではないと。右派的な言説によって、中道の経済政策を売り込む余地があるのではないかということです。そうすることで、白人の中低所得者層の支持を集めることが可能になるのです。

第二は、下層カーストの創出です。トランプ氏が最も憎まれ、かつ、有権者心理の醜い部分をついているのは、反移民の感情を掻き立てている点です。不安が高まる中産階級に対して、より下層の存在（カースト）を提示することには絶大な効果があります。これは歴史が繰り返し証明してきた悲しい真実です。

しかも、不法移民というスケープ・ゴートに焦点を当てれば、白人票を固める以上の効果があるかもしれません。ラティーノが多いネバダ州の共和党予備選挙で、トランプ氏はラティーノからも圧倒的な支持を集めました。このことは、「下層カーストの創出」という戦術が、いわゆる典型的な白人票以外にも浸透力をもつ可能性を示唆《しさ》しています。

第三は、強烈な反連邦主義であり、土着主義への回帰と言ってもいいかもしれません。共和党内における反連邦主義は、連邦政府のリベラルな価値観に対する反発に帰着することが多かったわけですが、ここでもトランプ氏は捻《ひね》りを加えています。

トランプ氏は、連邦政府や議会そのものに「無能」のレッテルを貼る形の反連邦主義を提示しました。連邦政府への懐疑は、民主党支持者の間でも広がっています。ですからこのような観点を強調することによって、これまでの民主・共和の分断、リベラル・保守の分断を組み替えることができるかもしれないのです。

第四は、アメリカの現状に対する短期的な悲観主義と、長期的な楽観主義を前提とした世界観です。経済分野でも、外交・安全保障分野でも、トランプ氏は「アメリカの威信が傷つけられているのは無能な指導者たちのせいだ」と訴えてきました。自分のような有能な指導者を戴《いただ》けば、アメリカの未来は明るいというわけです。

実際にはアメリカは先進国の中でも断然に景気が良く、二十一世紀のリーディング産業におけるアメリカ企業の競争力も圧倒的です。国際社会における米軍の存在感は圧倒的ですし、米軍の優位に挑戦する勢力は、短期的には存在しません。しかし、長期的にはそうとも言えないわけです。アメリカの優位がこれから相対的に切り崩されていくのは、間違いのない統計的な真実です。

以上に挙げた四つの要素を統合するシンプルな方法として、トランプ氏は「私に投票すればうまくいく」と提示しました。本人の直感で形成されたものなのか、優秀なブレーンによって設計されたものなのかはわかりませんが、実によくできたストーリーです。

「トランプ現象」はアメリカ政治の閉塞感とアメリカ国民の深層心理を踏まえて立ち上げられたものであり、これまでのアメリカ政治の構造を組み替える可能性を秘めています。

かつてレーガン大統領は、俳優出身であることを揶揄《やゆ》されて、大統領となる資質を疑われる存在でした。しかし今では、共和党の歴代大統領の中でも筆頭格の英雄です。国内政治におけるレーガン大統領の大きな功績は、「レーガン・デモクラット」と呼ばれるように民主党支持層の支持を得たことでした。

トランプ氏にも、ひょっとするとこれからレーガン大統領と類似の支持が集まるかもしれません。もちろん、トランプ氏自身には行き当たりばったりのところがあり、その言説が人々の怒りや怖れに巣食っていることは事実です。

しかし、「トランプ現象」を嘆《なげ》くエリートたちを前にその快進撃は続きました。デモクラシーの国における民の声は、いつまでも無視できるものではありません。トランプ大統領が現に誕生した今、多くの人が「トランプ現象」の本質と真剣に向き合うべきときが来ています。

翻弄される世界のエリート

アメリカ大統領が国際社会に与える影響は絶大ですから、日本を含む世界中の外交官や研究者が、「トランプ大統領」が意味するところについて考え始めています。これにはちょっとしたブラック・ユーモアを感じずにはいられません。

「反エリート主義」を原動力とし、大衆の暴力的な本能に訴えることで支持を広げてきたトランプ氏の言動や人脈を、世界中のエリートたちがせっせと分析しているのですから。もちろん「トランプ大統領」の下で変わりゆくアメリカや世界を想像すれば、それは決して笑いごとではありませんが。

大方が早期にたどりつく結論は、トランプ氏の言動には通常の政策的な意味における一貫性はないということです。バカバカしく、匙《さじ》を投げたくなる欲求をぐっと我慢して観察を続けると、しかし、見えてくるものはあります。重要なのは、タテ（歴史）とヨコ（各国比較）の視点をもつことです。

ポピュリストの系譜

アメリカの歴史には、これまでも既存の権力に挑戦するポピュリスト（大衆迎合主義者）が現れてきました。独立当初のアメリカで北東部の支配に抵抗したジャクソン大統領は、「ジャクソニアン・デモクラシー」という言葉が示すようにアメリカの民主制のあり方を再定義しています。

二十世紀に入ってからも、「赤狩り」によって共産主義の恐怖を煽り、アメリカの自由主義を破綻の危機にまで追いやったジョセフ・マッカーシー上院議員が出現しました。白人至上主義者のジョージ・ウォレス知事（アラバマ州）は、公民権運動に抵抗し、その勢力の核として大統領選にも挑戦を続けました。

今では共和党の英雄として祭り上げられているレーガン大統領にも、トランプ氏と類似する傾向がなかったわけではありません。トランプ大統領が今後何を起こすのか、彼らの言動からヒントを得ることはできるはずです。

各国を見渡しても、新興国を中心にいわゆるストロングマン支配の例はいくらでも存在します。南米でも東南アジアでも東欧でも、民主的な制度の中から大衆の支持を得る形で登場した指導者がいました。彼らは軍人出身であり、俳優出身であり、ビジネスマン出身の億万長者であり、トランプ氏と多くの共通点をもっています。

重要な違いは、彼らがアメリカほど民主的な諸制度が発達した国から出てきたわけではないことです。また彼らは、世界最強の軍隊を率いる最高指揮権者ではありませんでした。

アメリカや世界各国のストロングマン支配に共通する傾向は、彼らがすでに存在する力学を利用する形で権力を得たことです。火のないところに煙は立たず、民衆の怒りのないところにトランプ氏のようなリーダーは現れません。

「トランプ現象」を理解することは、すなわちアメリカ政治を理解することであり、その世界的な影響を考察することは、国際社会の現在について理解することにつながるのです。トランプ外交について、類似のストロングマン支配の例も念頭におきながら考えてみましょう。彼の外交政策には、四つの核が存在すると私は見ています。順を追っていきましょう。

短期的・直接的な国益理解

第一は、アメリカの国益を短期的・直接的に定義する発想に立っていることです。この傾向には、トランプ氏のビジネスマンとしての発想と、今日におけるアメリカの大企業経営のあり方が影響しています。

このような発想に立つならば、国益とは明確に定義できるものでなければなりません。各国との貿易収支のような定量的な指標には、当然注目が集まります。たとえば、アメリカの対中国や対メキシコの貿易赤字の大きな部分は、それぞれの国に進出しているアメリカ企業による対米輸出のせいであって、アメリカ企業にグローバルな競争力があることの一つの表れです。しかし、なかなかそういう発想には至らないというのが要点です。

同じ理由で、同盟国に対する防衛負担もやり玉に挙げられやすいポイントです。トランプ氏自身、「日本とドイツと韓国を全部防衛することなどできないよ」とやや投げやりな発言をしています。

今後「アメリカの同盟国の防衛義務に関わるコストは何億ドルなのか」「それによってアメリカはどれだけの利益を得ているのか」という問いが発せられるでしょう。その問いはやがて「アメリカとの同盟を通じて、同盟国は自らの防衛負担をいくら軽減できているのか」となり、「なぜその分の負担を同盟国に要求しないのか」という問いにつながっていくはずです。

国際的な組織や仕組みにも、懐疑的な目が向けられることになるでしょう。「アメリカが国際的な制度作りを主導することが、アメリカ自身の長期的な国益につながっている」という命題は、第二次世界大戦後の国際社会の基盤となってきた発想です。

TPPに代表される国内調整が難しい案件も、最後はこのような国益認識に基づいて押し通されてきたのでした。国益を認識する発想の転換は、アメリカのあらゆる政策に影響するはずです。

今後のアメリカ外交は、大企業の経営者が、四半期ごとの成果をウォール・ストリートのアナリストから求められているのと同じノリで進められるでしょう。個別の案件は、アメリカの貿易赤字をいくら減らし、防衛費をいくら節約できたかによって評価されるはずです。アメリカが派遣するビジネス界出身の外交官が世界中でバンバンと机を叩き、交渉者に迫り、その成果を追い求めることでしょう。

「普通の大国」としての孤立主義

第二は、孤立主義です。トランプ氏の外交政策は、アメリカ大衆の孤立主義的な本能をエネルギー源としています。トランプ氏は「イラク戦争は大失敗だった」と糾弾《きゅうだん》してきましたし、「戦争を主導したジョージ・W・ブッシュ大統領は弾劾《だんがい》されるべきだ」というところまで踏み込んでいます。イラクや中東のゴタゴタに巻き込まれるくらいなら、アメリカ国内のインフラ整備や公衆衛生を優先するべきだったというのです。

この発想は、従来のアメリカ政治の常識からすると、リベラル側の発想そのものです。重要なことは、トランプ氏の存在に引きずられて、共和党全体が孤立主義的な方向へと傾いていっていることでしょう。

アメリカ外交は孤立主義的な傾向（＝モンロー主義）と、世界に積極的に関わっていく理想主義的な傾向（＝ウィルソン主義）の間で揺れ動いてきたとよく言われます。トランプ外交によって、このバランスが大きく崩れる可能性が出てきたのではないでしょうか。

第一次世界大戦の戦後処理をウィルソン大統領が仕切ったのは、アメリカが世界的な帝国となった端緒《たんちょ》でした。それは今から一〇〇年前のことです。一〇〇年間続いた「帝国としてのアメリカが仕切る世界」は、本質的に変わろうとしているのではないでしょうか。

オバマ外交は、帝国としてのコストやリスクを負うことには消極的ですが、帝国としての地位は手放さないことを目指しています。そこにちぐはぐな印象を覚えるのは、本質的に、無理なことをしようとしているからです。

トランプ外交は、オバマ外交の中途半端さを、ある意味で開き直ることによって塗り替えることになるのかもしれません。それは「帝国としての外交」ではなく、「普通の大国としての外交」ということです。

先に挙げた短期的・直接的な国益理解も、こういった背景を理解すれば納得感が出てくると思います。個別国との間の貿易赤字も、同盟国への防衛負担も、帝国としてであれば合理性がある政策でした。アメリカ自身が、世界的な自由貿易体制や、国際社会全体としての秩序と平和の最大の受益者であったからです。

しかし、自らを「普通の大国」として定義したならば、利害計算の前提は異なってきます。

タブーへの挑戦と経緯論の軽視

第三は、タブーに挑戦する姿勢です。トランプ外交について、全体としては懐疑的で悲観的な私ですが、前向きな可能性を見出すとすれば、アメリカならではのチャレンジ・スピリットを感じる部分です。

トランプ氏のこの感覚は、変転著《いちじる》しいビジネスの世界で培《つちか》われてきました。トランプ氏が外交エリートたちの経緯論を軽視し、そこに現状否定のエネルギーをぶつけた結果、チャレンジ・スピリットが開花する可能性があります。

かつてレーガン大統領は、デタント（緊張した二国間の雪解け）の流れを断ち切って「新冷戦」へと舵《かじ》を切りました。ミサイルや核兵器の体系を近代化し、巨額の国防費を投じて宇宙兵器の開発を進める、いわゆる「スター・ウォーズ計画」を推進したわけです。

当時は「新冷戦は、東西陣営の緊張を高める危険な政策である」と非難されることが多かったわけですが、結果として、軍拡競争についていけなかったソ連の崩壊を招き、冷戦終結を早めたのでした。

トランプ外交のタブーへの挑戦を通じて、膠着状態の国際情勢にある種のパラダイム転換を促すことができるかもしれません。目下、安全保障の最前線は二極化しています。一方ではサイバー戦と宇宙戦の脅威があるものの、冷戦期に作られた条約や諸制度によって合理的な政策追求が制限されています。

たとえば宇宙空間の平和利用原則は、中国の軍拡によってほとんど有名無実化してしまいました。にもかかわらず、既存の仕組みに拘泥《こうでい》すれば、今存在する本当の脅威が隠されてしまいます。

また、安全保障のもう一つの最前線はテロですが、アメリカの既存の条約体系はテロの脅威を正面から見据えたものとはなっていません。NATO（North Atlantic Treaty Organization＝北大西洋条約機構）についても、日米安全保障条約についても、本質的には冷戦期のソ連の脅威への対処を想定しています。

たとえば、サイバー攻撃とテロ攻撃を組み合わせて日本の原子力発電所が攻撃されたとき、日米同盟は有効に対処できるのでしょうか。日本海沿岸に分散立地されている日本の原発は、数十人規模の特殊部隊によって簡単に占拠されてしまうでしょう。専門家であれば、そうしたリスクは誰しもわかっていることです。

原発テロとは、一瞬で日本国民全体が人質となる事態です。日米を問わず、エリートの専門家は経緯論を優先してきました。そのせいで、正面から向き合ってこなかった原発テロという脅威が現に存在するのです。

トランプ氏の存在のおかげで、日本は原発テロのような事態に合理的に光を当てられるかもしれません。これまでの経緯論に縛られたごまかしを白日の下にさらすことには、一定の意味があります。

属人的なヒロイズム

第四は、「トランプ氏の属人的なヒロイズムが、アメリカ外交にどのように影響するのか」という視点です。ストロングマン支配の大きな特徴がここにあります。連綿と積み上げられてきたアメリカ国家としての利害計算が、リーダー個人の利害計算によって覆《くつがえ》る可能性が出てきました。

このヒロイズムの厄介な点は、どのような方向に作用するのか読みにくいところです。アメリカ外交は強硬にもなりえますし、急に腰砕けになって妥協主義的になることもありえます。

トランプ氏はＴＰＰについて口を極めて批判しており、条約交渉を進めたアメリカ側の担当者を「無能」呼ばわりしてきました。そのトランプ氏が大統領になったわけですから、日本に具体的な妥協を迫ってくることは確実ですし、無理な数値目標を突きつけてくることもおおいにありえます。

経済交渉の際、安保を絡めることによってプレッシャーをかけるのは、アメリカの交渉者が使う常套《じょうとう》手段です。今後は大統領レベルで、そのような脅しが行われるかもしれません。そのとき、果たして日本側の交渉者は持ちこたえられるのでしょうか。

日本にとってみれば、アメリカが急に腰砕けになるのも困りものです。トランプ氏が自らのヒロイズムを貫徹するために、中国と、あるいは北朝鮮と筋悪の合意を取りつけてしまう事態も想定されるからです。

北朝鮮問題の解決に向け、意気揚々と北京に乗り込んだトランプ大統領が、中国と手打ちをしてしまう。いかにもありそうな事態ではありませんか。中国はしたたかですから、日本・韓国・台湾などにとって重要なテーマにおいて、アメリカは軒並み妥協してしまうかもしれません。

そのような大きな妥協でさえも、より狭く定義された「普通の大国」と自己定義するアメリカにとっては、たいした妥協ではないという理屈になってしまうでしょう。まさに、東アジアのコミットメントから「意気揚々と撤退するアメリカ」というモチーフです。

アメリカの変容は世界中に影響があり、同盟国である日本には特に大きな影響があります。国益を短期的・直接的に定義するようになるアメリカ、「普通の大国」として孤立主義的な本能に突き動かされるアメリカに対処するためには、日本外交にも根本的な変容に対応できる発想が求められます。

なおかつ、アメリカが経緯論を軽視してタブーに挑戦し、大統領個人のヒロイズムに振り回されるのだとすれば、予測困難な状況に臨機応変に対応することも必要です。

私は、戦前の日本外交が崩壊した大きな原因として、複雑な国際社会を理解し、先回りして対応する努力を放棄してしまった部分があったと思っています。既成事実を追認し、「欧州の天地は複雑怪奇」として匙を投げてしまった。[13] そこには、今日へと続く日本外交の脆弱さがあります。

変革期に国益を確保する外交を行うためには、考えて、考えて、考え抜くしかありません。それは、その瞬間に外交の任にあるリーダーの義務でもありますし、国家として考え抜くための組織原理を有しているかという問題でもあります。

既存の官僚機構が、自己否定を含む発想にまで踏み込めないときにどうするか。現状を乗り越えるための発想の転換が、民主主義の過程を通じて促されるか。民主主義を機能させるための有識者やメディアの能力は十分か。どれも重たい問いです。

トランプ大統領がどのような世界を招来するかとは別の次元で、「トランプ現象」は日本に対して厳しい課題を突きつけているのです。

法人税の「公平と簡素」化

本書第四章の最後に、トランプ流経済政策の肝の部分についても触れておきましょう。トランプ氏が掲げる一番劇的な経済政策は、法人税を一五%に下げるというものです。

第一章でも触れたとおり、これは産業間の不公平をなくすという意味で重要だと思います。「アメリカに雇用を生み出している企業のほうが、より多くの税金を支払わなければいけない。そんな状況は間違っている」というトランプ氏の主張には一理あります。

既存の税法では、節税のための抜け穴がいろいろあるせいで、物事は複雑になるばかりです。企業にも対応のためのコストがかかります。「もっと税制をフラットにしよう。簡素化しよう。税とは、公平であり簡素であることが何よりも重要だ」というわけです。実際、現在のアメリカの法人税は「公平と簡素」という税の原則から大きく逸脱してしまっています。

なぜか今は、高所得者に対する減税ばかりが新聞で報じられていますが、バランスを欠いた議論です。トランプ氏は、選挙戦を通じて、ヘッジファンド等、投資を通じて得られるキャリード・インタレスト（carried interest）と呼ばれる巨額の成功報酬への課税強化を主張しており、実現すれば大幅な富裕層増税となります。投資業の報酬に対する優遇は共和・民主両党が温存してきた特権であり、前回一二年の共和党大統領候補であったミット・ロムニー氏が得てきた利益そのものです。

ロムニー氏が開拓したプライベート・エクイティ投資は、爆発的なまでの大きな利潤を生みます。なにしろ年率二〇%もの高利回りを出すこともあるくらいです。

そのような高利回り投資は、「もともとリスクが高い投資は、高利回りのときもあれば大損する場合も多い。だから税金はあまりかけない」というそもそもの法の趣旨に反する形で、所得税の抜け穴になってきました。

「キャリード・インタレストを所得税の対象にしよう」と本気で言い出したのは、民主党のサンダース氏であり共和党のトランプ氏です。トランプ氏はいたずらに大企業を攻撃しているのではなく、「税制を簡素に公平にしよう」と言っているのです。

アメリカ議会の共和党は「これだけ反抗してもトランプ氏が大統領に通ってしまったのだから」と、消極的ながらも協力はするでしょう。トランプ氏に協力しなければ、一八年の中間選挙でひどい目に遭うこともわかっていますから。この改革でヒラリー氏が出遅れたのは、特別な利害関係を有する財界とのコネクションゆえだと思われてもしょうがないところがあります。

トランプ氏が考える思い切った税制改革は、アメリカ経済に大きなインパクトを与えるものとなるのではないでしょうか。

トランプ氏の減税政策は非常にシンプルであり、共和党の綱領に近い案です。所得税については、年収七万五〇〇〇ドル以下の人は一二%、年収七万五〇〇〇ドル以上二二万五〇〇〇ドル未満は二五%、年収二二万五〇〇〇ドル以上は三二%です。これは下院で共和党が出している数字に近いものです。この数字は既婚者のもので、独身者は別の取り扱いとなります。

控除制度として、トランプ氏は公約で「教育費を控除する」と言ってきました。これは長年民主党がやりたかった方策ですが、「絶対実現しないけど素晴らしい」という文脈で、アメリカの政治ドラマ「The West Wing」（日本語版のタイトルは「ザ・ホワイトハウス」）など、政治作品で夢見られてきています。

教育に対する減税は、アメリカの中間層が強く望んでいる政策です。ただし現状は、条件を満たした低所得者だけが短大にあたるコミュニティ・カレッジの学費を一部免除されたりしているだけです。もちろん州立大学など州の税金が入っている公立は州民にとって比較的払いやすい学費に抑えてありますが、それでも高いのが現状です。四年制大学、ましてや私立に行きたい人にとっては、全然助けになっていない。これが今の民主党支持者が抱える問題です。

このような現状を見るトランプ氏は、なぜか共和党の側から手を回して、共和党支持者に「税金を払うくらいだったら教育費に投資しよう」と思わせる作戦を可能にしました。民主党の悲願である「教育費控除」をもしトランプ氏が実現すれば、これは歴史的な業績となります。

「トランプ大統領」を甘く見てはいけない

さて、トランプ氏は選挙戦を通じて叫んできた一連の公約を、本当に実現するのでしょうか。ＴＰＰ離脱など注目度の高いものについては、必ずやるのでしょう。ただし、選挙戦後にトランプ氏の暴言、放言が鳴りを潜めたからといって「トランプは案外、大丈夫ではないか」という言説には注意が必要です。良くも悪くも、トランプ氏は劇的に世界を変えるでしょう。願わくば、良いほうに変えると信じたいものですが。

だからこそ、私は彼のヘイト発言を決して許容はしていませんが、経済政策においては、選挙前から彼の主張を支持してきました。その経済政策はあまりにドラスティックですから、失敗するときはひどく失敗します。失敗したとき、被害を受けるのはアメリカのみならず世界の経済です。

いずれにせよ、「アメリカ大統領」のもつ力を甘く見てはいけません。アメリカ大統領はただの「かかし」ではありません。特にトランプ氏は、並み居るエリートを全部敵に回して大統領選挙に勝利しているのですから。

実際のところ、日本はたいへんな危機にさらされています。こういうときは「アメリカ人のためになることは、日本人のためにもなる」という功利主義的な考え方に移行しなければいけません。アメリカに「もう一度覇権を取り戻そう」というやる気を更新してもらうため、日本に行動できることがあるはずです。

第五章　‖　変わりゆく世界の地政学

東西冷戦はいつ終わったのか

「冷戦が終わった」と思える局面は何回かあります。一番象徴的なのは、湾岸戦争（九一年一月開戦）における米ソ協力でした。世界で行われている多くの戦争のうち、最も主要な注目を惹《ひ》きつけた湾岸戦争において、宿敵であったはずの米ソが同じ側に立ってサダム・フセインと対立する。この構図にはインパクトがありました。

あのとき米ソは事実上協調して事態にあたりました。アメリカが何かまずいことをしたとき、ソ連がすぐさま軍事的に反応するという冷戦時代の構図は、湾岸戦争を契機に崩壊したのです。

その後まもなくして、今度はソ連そのものが瓦解します。社会主義のイデオロギーは壊れ、ロシアの資本主義化が始まるのです。だからと言って、将来にわたって米ロの力の対立がなくなるわけではありませんでした。この点を最初から指摘していた一人が、ジョージ・W・ブッシュ大統領（子）の政権（二〇〇一〜〇九年）でのちに副大統領を務めるディック・チェイニー氏です。

チェイニー氏は父ブッシュ政権の時代に国防長官を務めていました。みんなが「冷戦が終わった！」と喜んでいたときに、チェイニー氏は「ソ連からの核拡散や核技術流出はすさまじい脅威だ」と冷徹に懸念《けねん》を表明していたのです。

安全保障の専門家にとって「対立の終わり」は存在しません。では冷戦後、何が新たな脅威となったのでしょう。「大量破壊兵器こそが脅威だ」と言う人もいれば、「非国家主体によるテロ、非対称戦争こそが脅威だ」と言う人もいました。

もしくは、「貧困の撲滅《ぼくめつ》が一番の課題だ」と言う人もいます。現実にそのすべての指摘は当たってはいます。しかし、それが脅威であることと、一番の焦点であることとは別の問題です。

言うなれば、こうしてみんなが右往左往しているうちに、九〇年代は終わってしまいました。「冷戦後」という言葉は何度も使われてきたわけですが、冷戦終結後の時代にはほとんど名前が与えられないまま、世界の安全保障は混迷へと向かいます。

二〇〇一年九月一一日にアメリカで同時多発テロが起きてからは、「テロ後」とも言われましたが、イラク戦争が無残な失敗に終わった今となっては、「冷戦後」の文脈のほうが大きいとみてよいでしょう。

世界の警察アメリカによる軍事介入の時代

冷戦後の九〇年代、世界では何が起きていたのでしょう。まず「人道的な目的」と称する、アメリカを中心とした軍事介入です。ＥＵは東側の陣営を徐々に取り込み進歩発展させようと頑張りますが、いざ紛争が起きたときに自力で問題を解決することができず、アメリカに介入を頼まなければなりませんでした。

九九年、ＮＡＴＯ（北大西洋条約機構）はユーゴスラビアの首都ベオグラードやコソボで空爆を多用し、軍事介入によって民族浄化を止めようとします。その試みは、一部はうまくいったものの、根本的には民族浄化は止められていません。

アフリカのソマリアでは、映画「ブラックホーク・ダウン」で描かれたように、少数の兵士が犠牲になっただけでアメリカ軍はたちまち撤退しました。冷戦中であれば、多少の犠牲をともなったとしても構わず戦争を続けたことでしょう。そもそも、アメリカが本当に軍事介入をやりたいと思っているのかどうかも、よくわからない時代になりました。

新しい政権が登場するたびに、アメリカの新大統領は前職よりうまく物事を運べると思いがちです。たとえばクリントン大統領は父ブッシュ氏について「ブッシュはユーゴスラビアに介入しない。あれほどの人道的な危機を見捨てるとは、なんということだ」と攻撃し、大統領選挙で弾みをつけました。

クリントン氏が大統領になると、小規模な介入を行いますが、結果的には「リベラル・ホーク」（リベラルなタカ派）と呼ばれ、「社会福祉政策としての紛争介入」となじられます。

現実に大統領になってみると多大なリスクは取ることができないとわかる。したがって、対策をとっていることを見せるためだけに、ほとんど標的らしい標的もない砂漠に高価な巡航ミサイルを撃ち込むようなことになりがちです。

そのような「弱腰」や「不決断」に異議を唱えていたジョージ・W・ブッシュ（子）氏が政権に就くと、九・一一同時多発テロの衝撃という機会を捉えて破壊的なイラク戦争を始めてしまった。

対抗勢力はいつも政敵と逆の主張を打ち上げるものです。「軍事介入をせよ」「いや軍事介入なんてやるべきではない」という試行錯誤は、冷戦後を通じて常に綱引きの状態だったのです。

九〇年代から進行していた多極化と不安定化

なぜ冷戦後にこのような試行錯誤が続いたのでしょう。「アメリカにとっての国益とは何か」の定義が広範に合意されていなかったからです。

しかもその間、アメリカは継続的にロシアの旧勢力圏への圧迫を進めました。NATOとEUの東方拡大を通じて、アメリカと西側の影響圏がどんどん広がっていったのです。

冷戦中は核抑止による安全保障が東西両陣営で相互に成り立っていたものの、その無力化を目的としたミサイル防衛の技術をめぐる競争が始まりました。ミサイル防衛を通じて防衛力を高めることは「核の恐怖」による均衡《きんこう》を崩し、安全保障環境の悪化を招いてしまうというジレンマを引き起こすからです。

ロシアは、経済面では中規模の国ですが、軍事大国である強みを持続させています。冷戦時代とは次元が異なるものの、安全保障をめぐる現実の緊張感は少しずつ高まっているのです。

「恐怖の均衡」を乗り越えようとするアメリカはますます傲慢になり、「自分だけが安全」である新しいステージに向かおうとする。

九〇年代を通じて経済危機や汚職などの問題に悩まされたロシアは「かつてのような偉大な国家としての地位を取り返そう」「アメリカに仕返しをしてやろう」という思いを募らせていく。

世界が冷戦終結のドラマを目撃していたころ、中国では天安門事件（八九年六月四日）が発生しています。政府が丸腰の学生たちを射殺していった事態に世界中が怒りを覚えました。中国は、世界の批判をよそに政治的には強硬姿勢を貫きます。他方で、経済政策では、鄧小平《とうしょうへい》氏が実権を握って以来続けてきた改革開放路線はそのまま継続しました。九〇年代を通じて、中国はアメリカやロシアを横目に見ながらじっと力をつけていきました。そして二〇〇〇年代に入るころには、中国が日本や東アジア諸国にとって明確な軍事的脅威となったのです。

九〇年代のアメリカは圧倒的な勝ち組に見え、情報革命、ＩＴ革命が生み出した巨万の利益も多くがアメリカのものになりました。

しかし世界を見渡してみれば、多極化と不安定化の素地は九〇年代から進行していたのです。

西ドイツ・日本と中国・ロシアの決定的違い

西ドイツや日本は六〇代半ばから八〇年代にかけて、時に、アメリカから脅威と見られるほどの経済発展を遂げました。この時期の西ドイツや日本と、九〇年代以降のロシアや中国を比較したときに何が違うのでしょう。

日本発のトヨタ式生産システムは世界を席捲し、日本が造る優れた製品は世界中に受け入れられました。西ドイツは欧州の盟主として、経済的にも政治的にも影響力を拡大していきました。ただし、経済大国として躍り出ながらも、日本も西ドイツも軍事的にはアメリカに相当程度依存してきました。

つまり、八〇年代には、西ドイツや日本の台頭によって世界は多極化しなかったのです。九〇年代には皆が「アメリカ単極」と言ったわけですが、実は軍事面では多極化が粛々と進み、経済力だけでは語れない本質的な多極化への道筋が引かれました。

同時に九〇年代は、テロが多発した時期でもあります。「米兵である」という理由だけで、世界各地のアメリカ軍兵士が狙われるケースが増えたのです。ベトナム戦争からは撤退できたアメリカですが、レバノン内戦の調停を契機に中東にも深く関わるようになってしまっていたからです。

大量破壊兵器が増産され、破綻国家はテロリストに活動の拠点を与えました。国民国家が根づいていない不安定な地域に存在した権威主義体制は、冷戦期に存在した米ソ超大国の後ろ盾を失って権力基盤が脆弱化していきます。

九〇年代、西側諸国による軍事介入が頻発しました。中には、客観的に言って、西側諸国が紛争に介入せずに放置しておくよりも、介入したことによってかえって悪い状況になる事例もありました。軍事介入によって紛争が長引き、事態が複雑化して、近代的な兵器が導入されることで犠牲も拡大する。このような皮肉な事例さえ生じてしまいました。

冷戦期のアメリカにとって「ソ連の共産陣営に対抗する」という外交の目的は単純明快でした。冷戦が終わり、多極化が進む現在、米国外交が何を目的にすべきかは必ずしも明らかではありません。

このところアメリカは、同盟国に対して「フリーライダー（コストを十分支払わないのに、利益だけ得ている「タダ乗り」）じゃないか」と文句をつけるようになりました。日本やトルコのような同盟国に対し、「周辺地域の安全保障のために軍隊を置かせてもらう」という感じではなく、だんだん「自国の安全保障は自分たちで担《にな》え」というニュアンスになってきたのです。

こうした考え方の変化は、ネオコンの代表的論客ロバート・ケーガン氏の論理にわかりやすく表出しています。彼は一九八〇年代には共和党政府内で働き、保守系シンクタンクを立ち上げるなど共和党タカ派に属しています。二〇〇三年に日本で翻訳出版された『ネオコンの論理』（光文社）は、アメリカでイラク戦争直前に発売された本です。その中では欧州のフリーライダーぶりに対する苛立ちが表明されていました。ケーガン氏は〇八年の大統領選挙では共和党の候補となったジョン・マケイン氏に協力しました。しかし、今回はトランプ氏を阻むためにヒラリー氏の陣営に協力したことが明らかになっています[14]。つまり、トランプ氏の言う同盟国批判は決してトランプ陣営に特異なものではないということです。

本音のところでは、多くの政治家や論客がヨーロッパや日本に「お前たちはフリーライダーだ」と苛立ちを募らせ、不信感を露《あら》わにするようになっていたのです。

冷戦後の国際社会は、表向きは米国一極集中、裏では多極化が進行する状態でした。再び世界に激震が走ったのが、〇一年に発生した九・一一同時多発テロ事件です。「対テロ戦争」の時代の幕開けです。以下で見ていくように、対テロ戦争における米国の失敗は、米国一極集中の世界から多極化の世界への移行を早めるという効果をもったのです。

ジョージ・W・ブッシュ（子）政権によって主導されたイラク、アフガニスタンの対テロ戦争は世界に平和と安定をもたらすことはありませんでした。さらに、アメリカ国民の厭戦《えんせん》気分を受けて〇八年十一月に当選したオバマ大統領は、戦争を終わらせることに注力したように見えて、特にアフガニスタンでは戦争の持続や漸進的拡大に積極的でした。ところが、戦況が劇的に改善することはありませんでした。そのため、厭戦気分の世論を反映して、オバマ政権は徐々に撤兵を進めます。シリアにも本格的に介入することはありませんでした。だんだんと、対テロ戦争は終結に向かいながら、テロは残るという現象が明らかになっていったのです。

トランプ氏は、対テロ戦争の時代が終わり、さりとて世界中でテロが頻発するという時期に登場したのでした。平和と安定をどう確保するのかという問いに、今日ならではの回答を求められているのです。トランプ氏が見つけた一つの答えが、かつてのフリーライダー論を彼なりにアレンジした主張でした。

トランプ氏もヨーロッパや日本に対して「お前たちはフリーライダーだ」「相応の負担

をしないのならば、アメリカは米軍基地を引き揚げて撤収するぞ」と恫喝《どうかつ》したのです。ひょっとすると、そのトランプ氏によって初めて「冷戦後」が終わろうとしているのかもしれません。二〇一五～一六年の現在に至ってついに「ポスト冷戦後」と言える状況が現れようとしているのです。

「ポスト冷戦後」が始まった二〇一五年

なぜ私が「二〇一五年に『ポスト冷戦後』が始まった」と思うのか、順に説明していきましょう。

まず「九・一一同時多発テロ前」と「九・一一同時多発テロ後」の違いは、「アメリカがWMD（Weapons of mass destruction＝大量破壊兵器）と非国家主体に脅威を感じるようになったところが、最大のポイントだ」という主張があります。

しかし、軍の立場から考えてみれば、冷戦が終わってすぐに、そうした問題意識は出てきていました。冷戦が終わった段階で、すでにアメリカは議会の予算削減圧力に押されて軍改革に着手しています。「人道的な紛争介入をする」という論理自体は前から存在していましたし、イラク戦争さえ「あれは人道的な紛争介入だった」と位置づける人もいます。つまり「平和構築のためのゲリラ掃討作戦」とか「テロを未然に防ぐ」といった論理は、九〇年代も今もあまり変わりません。「ためらいがちに世界に介入するアメリカ」が九〇年代だとすれば、「前のめりに積極的介入するアメリカ」が、イラク戦争（〇三年三月開戦）と言えます。

勇んで始めたイラク戦争は明らかに失敗し、アメリカは〇五年あたりから腰砕けになり始めました。そのころから「私たちだけが担うのではなく、君たちも貢献してくれ」「占領期にアメリカだけが兵隊を出すのはアンフェアではないか」と他国に向かって言い始めたわけです。イラク戦争に失敗したアメリカは、単極の座から自ら降りようとし始めていた。

もしアメリカがイラク戦争に勝ち、イラクを民主的な国として、日本のように完全に復興できていたとすればどうでしょうか。アメリカは次々と中東に介入し、次々と拠点を広げ、ひょっとすると多国籍企業も含めて自らのネットワーク拠点を中東に築いていたかもしれません。

しかしイラク戦争は失敗し、アメリカ国内では「もう支えきれない。これ以上の軍事介入はとうてい無理だ」という考え方が常識になりました。そこに重なるように、〇七〜〇八年に金融危機が起き、さらにアメリカが内向きになったところに、オバマ大統領が出てきたのです。

中東問題への対応の失敗

ここでおもしろいのは、オバマ大統領がスッと帝国の座から降りたのであればわかりやすいのですが、オバマ大統領はそれをしなかったということです。彼が政権に就いて最初にやったことは、アフガニスタン戦争の見直しでした。

ボブ・ウッドワード氏（ワシントン・ポスト編集主幹）の取材（『オバマの戦争』日本経済新聞出版社）によると、オバマ大統領はまるで他人事のようにアフガニスタン戦争を再検討させている様子が窺えます。オバマ大統領は前政権の戦争を引き継いだため、自分がアフガニスタン戦争を始めたという感覚がありません。前政権が始めた作戦は、アフガニスタンで功を奏しておらず、軍人たちもさまざまに不満を訴えてくる状況でした。

オバマ大統領は、自らの政権が戦争を継続する明確な目的なしに、とりあえず内部検討チームを作らせます。内部検討チームは政治の動向を窺《うかが》いつつ「少しだけ増派するのがいい」と考えます。こうしてオバマ大統領は、アフガニスタン戦争介入の度合いをだんだん強めていきました。漸進的に介入の度合いを増やす段階的エスカレーション作戦です。

しかも、オバマ政権期には、ブッシュ政権期よりもさらに民意の突き上げが厳しくなりました。現地住民などのシビリアン（民間人）がこうむる付随的被害を最小限にするため、米軍の行動には敵とみなして殺害してよい許可が下りるチェックが厳しくなるなど制約が強化されました。しかしタリバンは民衆の中に潜み、時には民衆を盾にします。誰が敵で誰が普通の市民なのかはわかりません。そんな中で、効果的な作戦を行えなかったり、自軍の兵士に犠牲が出たり、あるいは協力してくれた村人がタリバンに惨殺されるのを防げなかったりと、現地のアメリカ軍には苛立ちと怒りがたまりました。トランプ氏の選挙に協力する軍人が増えたのには、一つにはそうした理由もありました。プロの軍人は、完全勝利か撤退かどちらか明快な結果を望みがちだからです。

オバマ大統領は、さらに「アラブの春」の評価を間違えます。一〇年十二月、北アフリカのチュニジアで「ジャスミン革命」と呼ばれる民主化運動が勃発《ぼっぱつ》しました。一一年一月にはチュニジアの政権が崩壊します。民主化運動は他の北アフリカ諸国に広がり、一一年二月には、地域の大国であり、中東全体の重しの役割を担っていたエジプトのムバラク政権が崩壊しました。一一年八月には米英仏の空爆による支援を受けた反体制派がリビアでカダフィ政権を倒します。アメリカ政府は「イラク戦争以来目指してきた中東の民主化が、民衆の自力によってなされた」と判断し、下からの民主化革命に期待を寄せました。

ところが、これら地域の民主革命は実に脆弱でした。革命と民主化は持続せず、「アラブの春」の崩壊、アラブ世界全体の混乱へと進んでいったのです。米国をはじめとする西側諸国の態度は、中途半端であり、一貫性に欠けるものでした。ある時は、民主化を側面支援すると言って空爆し、ある時は介入を躊躇《ちゅうちょ》する。目的や存在があやふやな「民兵」組織に武器を提供すると、それらが政府側に流れたり、テロリストに流れたりしました。そもそも、誰が誰の敵で何のために戦っているのかすらはっきりしない状況が出現しているのです。シリア内戦、イスラーム国の横暴、そしてイラクの腐敗といった問題は棚ざらしです。

ブッシュ（子）大統領が始めたイラク戦争の失敗を、オバマ大統領のせいにするのは酷でしょう。そのうえで、オバマ大統領がリビア空爆などいくつかの局面で軍事介入しながら、一貫性のない政策を続けてきたのは紛れもない事実です。

トランプ氏とヒラリー氏、それぞれの国益

そして、二〇一五～一六年に至って「『ポスト冷戦後』が始まった」と思うもう一つの要因は、ようやく「アメリカにとっての国益とは何か」が明らかになってきたことです。

その国益とは有り体に言えば「圧政に苦しむ他国の民衆を解放するという人義よりも、とにかくテロがアメリカに向かわないように。人的な被害を最小限に収めるためならば、アメリカではなくロシアが軍事介入してもらっても構わない」。そうアメリカが考えるようになり、アメリカにとっての国益が再定義されたのです。

この大きな変化を正面から認めたのがトランプ氏であり、正面から認めていないのがヒラリー氏でした。もしヒラリー氏がアメリカ大統領になっていれば、オバマ政権時代の手法を踏襲《とうしゅう》し、中東へアメリカ軍を数千人増派するような漸進策を選んだでしょう。

数千人規模の増派は、軍事的にはたいした量ではありません。オバマ政権の良くも悪くも現状維持的なところを引き継ぎ、たいした量ではないにせよ軍事介入の度合いをエスカレートさせかねなかったのがヒラリー氏です。何もしないよりいい、という理由で。

ヒラリー氏とは対照的に、トランプ氏は変わりゆく世界の中で「撤退するアメリカ」という自画像を代表しています。彼独自のキャラクターを加味することで、私は、「意気揚々と撤退するアメリカ」と表現しています。

大統領選挙の議論を通じて、アメリカ国民は自分たちにとって何が国益かはっきり理解したと思います。トランプ後のアメリカは、もう「撤退するアメリカ」という自画像から後戻りはすることは簡単ではないでしょう。

イスラームへの苛立ちと憎しみ

ところで、トランプ大統領はなぜ「イスラーム過激主義が一番の脅威だ」と考えたのでしょう。彼の競争相手であった共和党候補（たとえばテッド・クルーズ氏やジョン・ケーシック氏、ジェブ・ブッシュ氏）は、「ロシアこそが主敵」と考えていました。

おもしろいことに、ヒラリー氏が言っていることは、トランプ氏以外の共和党候補が言っていることとほとんど差がありません。「ロシアが脅威だ」という考え方は、「ウクライナに介入したプーチン大統領はひどい」という経路依存的な考え方にほかなりません。

これは私の想像ですが、トランプ氏は「今ロシア人に憎しみを抱くアメリカ人はけっこう少ない」ことを見抜いたのではないでしょうか。アメリカ人がロシア人に対して強い憎しみをもっていたのは、あくまでも冷戦期です。アメリカは共産主義が怖かったのです。だいぶ離れたところに住んでいる上に、歴史的にはほとんど接点がないロシア人に対して、アメリカ人が民族的憎しみをもっているというわけではありません。同時に、中国に対しても多くのアメリカ人は民族的憎しみをもってはいません。経済面で中国人にライバル意識をもってはいるものの、中国人だからといってすぐに恐怖心は感じないわけです。

アメリカ人がフォビア（恐怖症）に近い感情をもつ相手は、イスラームでしょう。苛立ちというよりも、文脈によっては憎しみに近いものです。アメリカ国民の一般的な感覚として、「我々とは根本的に価値観が合わないし、生活習慣も相当違う」として、不気味に感じているのです。

アメリカ人が「毎週日曜日に教会に行くのは当たり前だ」と思っているように、ムスリムは自分たちが金曜日にモスクに行くことは当然の権利だと考えています。ところがモスクのスピーカーでお祈りの声を鳴らしたり、夜遅くまでレストランで集まったりすると、閑静な住宅街を好む白人社会から反発が出ます。このようなアメリカ社会におけるイスラーム恐怖症を、トランプ氏は敏感に感じ取ったのではないでしょうか。

ムスリムは出生率が高いため、世界的な人口動態としてはムスリムの数は増えています。中国人は一人っ子政策を採ってきたことで、人口動態がすでに高齢化しています。出生率の差だけから考えても、ムスリム人口はこれからもっと増えていくでしょう。世界の覇権をめぐる人口動態の争いは、ムスリムに分があります。

ハリウッド映画に代表されるアメリカの主流文化が、最も対極的に対決しているのはイスラーム諸国です。文化対立を指摘することはタブーですが、アメリカの保守層に浸透するキリスト教的文化にも、リベラル層に浸透する世俗主義的で多様性を重んじる文化に対しても、最も先鋭的に対立しているのはイスラームの文化であることは確かです。

こうした状況下でトランプ氏が主張する政策は「ロシアこそがアメリカの敵なのだ」という冷戦思考を乗り越え、民衆が内心考えていたことに言葉を与える結果をもたらしました。アメリカは次の敵を見定めなおすステージへ移ったと言えるのではないでしょうか。

もちろん、だからといってすぐに戦争に訴えるとは考えられません。共産主義の場合と違い、イデオロギーではない文化的な摩擦《まさつ》は、軍を動員して侵攻するのに値するほどの大きな恐怖にはつながらないからです。結果的には、社会に不寛容さが広がるだけでしょう。

しかし、トランプ氏がイスラーム恐怖症的な言葉を口にすると、大衆から支持を得られます。ヒラリー氏は民主党の集まりで「ムスリムも含めた融和路線を目指します」と言うわけですが、私がアメリカで聴き取り取材をした印象では、民主党支持層さえ、ムスリムに対する差別的感情が根強く存在します。そこには、マイノリティ集団間の抗争や文化的摩擦という文脈も加わっています。

現在新規移民として叩かれているラティーノたちにも、イスラームへの忌避感《きひかん》がありま す。両者はただでさえ閉鎖的なコミュニティで暮らしており、似たような所得階層にいれば、マイノリティ同士が衝突してお互いを疎《うと》ましく思う結果につながるのかもしれません。マイノリティ同士だから手を携えるというのは、どう考えても現時点では画に描いた餅の感があります。

スピード感のある時代に突入

トランプ氏の外交政策については、本書第六章で詳しく考えてみます。本書を執筆している一六年十二月時点では、大統領就任後のトランプ氏の詳しい外交ビジョンの材料は、まだきちんと出ていません。

いずれにせよ、トランプ氏が自国にとって得にならないことをしないのは確かでしょう。トランプ氏が大統領になったことによって、ネガティブなベクトルであってもポジティブなベクトルであっても、政策のインパクトは速く結果が出るようになります。トランプ大統領誕生によって、非常にスピード感のある時代に突入しました。

中国とアメリカの関係性について言うと、これから中国はアメリカと同盟国の離反工作を仕掛けてくると思います。スキャンダルが発覚した韓国の朴槿恵《パククネ》大統領は、一〇〇万人規模の辞任要求デモにさらされました。少し情報に勘がある人から見れば、「これは中国が望んでいることでもあるな」とピンとくるのではないでしょうか。

朴槿恵政権のひどい実態は、あまりにも絶妙なタイミングで表にさらされました。揺れる韓国内政を横目に見る中国は、東アジアの地政学を塗り替え、アメリカの覇権を押し返すために動き始めるでしょう。

アメリカ大統領選挙で「ゲームのルール」を支配したトランプ氏は、これから外交面でロシアや中国、日本を含めた東アジアを振り回していくことになるでしょう。メディアと一緒になって「スピン・ドクター」であるトランプ大統領の思惑に乗れば、ますます振り回されてしまいます。

私たちは「ゲームのルール」がどうなっているのか冷静に見定め、外交の根本的なところから議論を起こしていかなければいけません。

プーチン大統領とトランプ大統領の思惑

プーチン大統領とトランプ新大統領はたいへんウマが合うらしく、両者は新しい良好な関係を築いていけそうな様子です。アメリカとロシアは対話さえままならないところまで関係が悪化していましたから、ロシアにも自分たちが考える正義を主張する空間を与えることで、関係が良好に回り出す可能性はあるでしょう。

アメリカはこれまで長く、ロシアの勢力圏を侵してきました。ロシア経済が危機的な状態にあったエリツィン大統領時代のロシアは、対外的にほとんど手を伸ばせていませんでした。そんな隙に乗じて、NATOやEUにアメリカが手を突っ込んで、ロシアの生存圏まで侵していったというのがロシア側からの見方です。ロシアはこれからトランプ大統領と蜜月の関係を築きながら、再び自分の勢力圏を主張していくでしょう。

アメリカがロシアや中国と手打ちしておけば、局所紛争や局地紛争が仮に発生したときに、大規模化しない安心感を得られます。「今や局地紛争によって領土を取られるような時代ではない」という考え方もあるでしょうけれども、大規模紛争がまったく起こりえないとは言い切れません。

人権を確保し、フェアな市場を実現する。汚職や人権抑圧から人々を自由にする。そのためにアメリカが頑張ってきた努力は、これからしばらく打ち捨てられるでしょう。しかもそうした変革のスピードは、トランプ政権下で私たちの想像以上に速く進むはずです。

歴史の必然としての「トランプ現象」

トランプ大統領が世界の地政学を塗り替える中、これから五〇年という単位でどんな変化が起きるのでしょうか。

一九〇二年、日本はイギリスと日英同盟を結びました。その五〇年後の一九五二年、日本はどうなっていたでしょう。日英同盟という協調路線は完全に消え失せ、日本は戦争に負けて焼け野原になり、GHQの占領下に置かれて民主主義を更地から整備されたわけです。一九〇二年から五二年までの五〇年間で、日本は相当な激変と運命の変化を味わいました。

こうした近代史を振り返るならば、トランプ大統領が誕生する二〇一七年の五〇年後を生きる人々が、今とはどれほど異なる世界に足を踏み入れているのか想像がつきません。

人々の争いや対立を見据える国際政治学者は、とかく世界を悲観的に見る傾向があるのですが、正直言って、私自身は暗澹《あんたん》たる思いにかられています。世界がこのようなとばロに立ってしまったのは、トランプ氏一人のせいではまったくありません。アメリカは九〇年代から十数年の間、自らの単極的な行動によって、世界の秩序をより自由で平和で民主主義的なものに作り変えようとしました。多くの失敗と混乱があったことは確かですが、そこに一定の理想があったことも事実です。世界は、こうした試みが、歴史の中で「束の間」に存在した例外的な事象であったことを思い知らされることでしょう。

超長期のトレンドとしては、人口が多い国、そして国土が豊かである国、ポテンシャルを秘めた中国のような大国が、これからアメリカの覇権を覆していくことになるでしょう。武力を使わないにせよ、世界はこれから明らかに異なる方向へと向かいます。

二〇一六年に起きたトランプ旋風は、その長期トレンドの第一ページでした。アメリカの単極化と覇権をガラガラポンで崩すトランプ現象が起きたのは、ある種の歴史の必然だと私は思っています。仮にヒラリー氏が選ばれていたとしても問題はより「遅く」「気づきにくい形で」起きただけでしょう。むしろ変化を見過ごすことにより、変われないリスクのほうが大きいとさえ言えるかもしれません。

すでに始まってしまった長期トレンドに対して、私たちはどう行動していくのか。これからの世界における物事は、為政者の判断という属人的な要素によって帰趨《きすう》が大きく変わってきます。

湾岸戦争で実現した米ソ協調は、ゴルバチョフ大統領という一人の人間と父ブッシュ大統領という一人の人間の個性なくして説明がつきません。東西ドイツの統一にしても、当時首脳であった各国のリーダーの個人的資質なしには、なしえなかったわけです。「トランプの世界」では、私たちの想像をはるかに超える猛スピードで、いろいろなことが動いていくかもしれません。

北朝鮮で紛争が見捨てられる方向に向かうのか。それともアメリカが劇的に、北朝鮮が核保有国であることを認め、米朝国交正常化を結ぶのか。一寸先に何を始めるかわからないトランプ氏に対して、各国のリーダーはどう渡り合っていくのでしょう。リーダーの属人的な要素によって、事態は右にも左にも大きく転びかねない変革の時代が訪れました。

第六章　‖　「帝国の撤退」と世界秩序の行方

帝国から撤退したイギリスの例

アメリカはこれから、どのようにして帝国の座から撤退していくのでしょうか。米国撤退を疑う人は今なお多いですが、私は、撤退は起きるかどうかの問題ではなく、いつ起きるかの問題であると思っています。その前提で考えてみたいと思います。

まず「帝国」という単語について、国際政治学の分野で言われるように「植民地などの海外領土を有することに限らず、自らの主権国家の領域を超えた先まで軍事的、経済的な支配力を及ぼす国家」と定義しましょう。帝国は自国の領域を超えて自ら国益を捉えるからこそ、覇権を振るい、自分の国を離れて世界を牽引しようとします。

「帝国」の定義としてはほかに「多民族の国家」で広大な領土をもつというものもあります。普遍的な何らかの主義を広めたり、もしくは名目上統治はしていても、国家としての世界観があまりに狭ければ帝国として機能しません。

以上のような点から考えると、アメリカのように長年にわたって移民を受け入れてきた多民族国家は、帝国に適しているわけです。

ただし同時に、アメリカは民主主義国家です。選挙権をもっている人は当然アメリカ国民に限定されます。有権者の民主的意志の行方によって、帝国の行方を左右するという特殊性があります。

国際政治の歴史の中で帝国について考えたとき、アメリカと一番類似しているのはイギリスです。イギリスは、大英帝国を引き継ぎ、第二次世界大戦後も、アデンやマラヤ（シンガポールとマレーシア）などスエズ運河より東にも軍事的拠点を有していました。ところが、イギリスは戦後復興を成し遂げるも、かつての大英帝国のときのようには復活することができませんでした。一九六〇年代にはポンド危機にも見舞われます。折しも、六〇～七〇年代は世界各地で植民地独立が相次ぎます。

植民地独立の機運に乗り、イギリスは各地で手打ちをしていきました。たとえばアフリカにおいてはケニア（六三年にイギリスから独立）やスーダン（五六年にイギリス・エジプトから独立）です。自分たちの影響圏に置きつつも、政治的には独立を許す。そういう方向でイギリスは植民地独立への舵《かじ》を切っていきました。

その際大事な論点は、スエズ運河からインドへ至る地域に、イギリスが軍事拠点を置くかどうかです。実は、軍事基地を撤退するより前から、イギリスは軍事費を削減して海外拠点の軍事的基盤を弱体化していました。政治的な撤退機運が高まってからそうしたのではなく、予算の観点から軍備を空洞化させていっていたのです。

私は二〇〇六年ごろに、まさにそのテーマの研究を行っていたため、民主主義特有の「帝国からの撤退」という特徴は、いずれアメリカにも生じるのではないかという仮説を立てていました。

真っ先に削られる在外基地の予算

なぜイギリスは、自ら海外の軍事拠点から撤退していったのでしょう。イギリス国内では社会保障の充実、医療・年金・社会福祉全般の議論を進めるにあたり、「軍事費があまりにかさみすぎている」との批判が高まりました。

国内の社会福祉を強化し軍の不合理な予算を是正すべきだと、人々は考えたわけです。国家全体として「軍事費を削減せよ」という圧力が働いたときに、ほとんどの軍隊は自分たちが生き残る術《すべ》を探そうとします。組織防衛の観点から、軍は政治家に手を突っこまれる前に自ら削りたいところを探す準備作業に着手するものです。

イギリス軍が行ったのは、海外の拠点についての配分の変更であり、在外基地の防衛縮小でした。なぜそこに手をつけるかというと、国内の基地を縮小ないし廃止するのは難しいからです。国内の基地は地元に雇用を生んでいますし、基地で暮らす家族も含めて大きな経済圏が生まれます。基地がなくなれば、それを機に街全体が廃《すた》れてしまうかもしれません。ですからほとんどの地元議員は、基地の縮小もしくは閉鎖には反対します。

他方で新型兵器を導入したり、古くなった戦闘機を次世代戦闘機に替えることに躊躇《ちゅうちょ》して投資しなければ、軍を長期的に維持できなくなってしまうでしょう。有事の際に古い兵器体系のまま戦えば、戦場で勝てない軍隊になってしまいます。兵器を買ってもらえなければ、軍需産業も困ってしまうという理由もあります。

したがって、イギリスが軍事費を削減するときには、必然的に人員削減や海外拠点の軍備がターゲットにされました。

そのようなイギリスの過程が、現在のアメリカでも起きつつあるのではないかと私は見ています。現に冷戦終結直後に国防費削減を議会から求められたとき、アメリカの軍のエリートたちは人員削減案を提示することで、逆風を乗り切りました。アメリカが今、帝国の座から降りたいと思っているかといえば、決して降りたいとは思っていません。民主党のサンダース支持者である左翼陣営の人々にアメリカで話を聞いたときも、彼らは帝国としての米国に一種の心地よさを感じていることがわかりました。実はイギリスの左派、労働党もそうだったのです。労働党政権は保守党政権と同様に、撤退することにずっと否定的でした。

私はテネシーで、サンダース氏を支持する若者、インド系移民二世のサイカットを始めとする数人に次のように聞きました。「世界に自由と民主主義を広めていったアメリカの使命は、もう終わりを告げたと思いますか」。また、「イラク戦争は間違いだったかもしれませんが、アメリカのような国が何もしなければ、中国のような人権を抑圧している国が地域の主導権を握りますが、それでもいいと思いますか」と質問しました。彼らは悩み、よく考えました。

「やはりアメリカは特殊な国だとは思う。ただし、今はそのような軍事介入をするべきではない。なぜなら国内の問題があまりに緊急性が高いからだ」というのが彼らの結論でした。

もちろん、これは一種のごまかしであり、このような発想を続けて漂いつく先に、既成事実の承認としての「帝国からの撤退」があるのです。

かつてない格差への関心

日本のような小さな主権国家は、そもそも帝国ではありません。ですから先ほどのように「日本が世界に自由と民主主義を広めていく使命についてどう思いますか」というような質問をされたときに「ほかの国のことまで日本が責任をもつ必要はないでしょう」と答える人が一般的です。

アメリカのリベラル左派の多くは、そうは思いません。彼らはこれからも「アメリカは世界の警察であるべきだ」と頭のどこかで考えているわけですが、結果的に、かつてのイギリスと同じく世界から撤退してしまおうとしているのです。現に、アメリカの軍事費がかさみすぎていることについて、左派は苛立ちを深め、攻撃に努めています。

アメリカの格差に対して、いまだかつてこれほど高い関心が寄せられたことはありませんでした。なぜ今、人々が格差拡大に強い関心をもつのでしょう。もちろん若者のおかれた事情もあるでしょうが、より大きな次元で捉えれば、アメリカ人が抱く世界観の規模が、かつてに比べて縮小したからだと思います。

世界全体を眺めたときに、もし自分が一万人のうちの一〇〇番目にいられれば、誰だって幸せな気分にひたれるでしょう。しかし、もし自分が国内しか見ず、一一〇人のうちの一〇〇番目にいることがわかれば、相当みじめな気分になります。格差に苛立つサンダース支持者は、自分が一一〇人のうちの一〇〇番目にいることに腹を立てているのかもしれません。

私は、アメリカで出会ったサンダース支持者に、日本の労働者の時給がいかに低いかを熱心に説明しました。彼らは私の言うことがよく理解できなかったようです。日本ではアルバイトや非正規雇用は時給一〇〇〇円以下が当たり前であって、何百万円もする自動車の組み立て工場で労働者になったとしても、時給はその程度しかもらえなかったりします。

私も出演したNHK BS1のスペシャル番組「変貌するアメリカ～2016米大統領選を読み解く～」(一六年十一月三日放送)で中山俊宏《なかやまとしひろ》・慶應義塾大学教授が取材した例では、アメリカの炭鉱労働者はかつて一五〇〇万円前後の年収を稼いでいました。もちろん仕事は大変なわけですが、炭鉱労働者が一五〇〇万円稼げるというのはとてもすごいことです。石炭生産高の高い北朝鮮ではもちろんのこと、日本でも考えられません。

オーストラリアのような資源国でもそうですが、先進国の中には、重労働を伴うブルーカラーの中に高額所得者が存在します。そのような経済的に恵まれたブルーカラーを観念しようもなくなったとき、労働者の中に「自分はアメリカの中で何人中何番目にいるのか」という意識がもち上がるわけです。

年収を一五〇〇万円もらっていれば、一億円もらっている人との生活の差など考える必要もありません。一五〇〇万円もらっていれば、十分豊かで充実した生活を送れるからです。しかし年収一五〇〇万円が危うくなり、賃金が安くなり、しかもさらに安い賃金で働くメキシコ系移民がアメリカへ入ってくる。移民の流入によって、自分たちが働く建設業の労働賃金は下がってしまう。そうなれば、もともと働いていた労働者が自分の既得権を守ろうとし、移民に敵意を抱くのは当然の流れでしょう。

戦後すぐ、帝国として栄光に輝いていたときのアメリカは、他国が貧しかったためにアメリカ国民であるというだけで一種の誇りを抱いていました。世界での自分の地位が高かったからです。しかし、関心が内向きになるにつれ、世界での順位よりも国内での順位のほうが大事になってしまうものなのです。

ちなみにかつて年収一五〇〇万円を稼いでいた炭鉱労働者は、トランプ支持でした。トランプ氏の支援者は何を考えているかというと、サンダース陣営とは違う地方の保守的な社会的文脈の中で育った人として、サンダース氏と同じことを言うのです。

とはいえ、トランプ支持者の多くは、「自由貿易や資本主義経済とは、根本的には善である」と考えています。それこそが、彼らが長年慣れ親しんできたアメリカ的なやり方だからです。ただ、「今生じているリスクやコストは最小化すべきである」という考えなのです。

TPPなどグローバルな仕組み、アメリカが自力で世界経済を支えていた時代の仕組みはあらためて、自国の国益をより直接的に追求する形で資本主義を調整すればいい。トランプ支持者がこう考えるのに対し、サンダース支持者は社会主義的な発想をするという違いがあります。これはどのような思想に慣れ親しんできたかという風土や教育環境の違いにすぎません。

国防費削減とTPP撤退

トランプ陣営は「連邦政府も連邦議会も機能不全を起こしている」と難詰します。連邦政府と連邦議会を改革するために必要なのは、予算の劇的な配分変更であり、無駄の削減です。まず最初にいじれるところはどこでしょう。やはり、年間六〇〇〇億ドルもの巨額の予算を計上している国防費の適正化が、最もターゲットになりやすいと思います。

日本を含め、世界中に展開している在外基地を縮小ないし撤退していく。トランプ大統領による「帝国からの撤退」は、意気揚々と行われていくでしょう。

世界から撤退するといっても、それは決して後ろ向きの発想ではありません。「アメリカは自ら改革を進めるのだ」という満足感や、「我々は国益を大事にする」という、非常に前向きな考え方にしたがって撤退は行われます。実際、物事を定量化して考え、短期の目標達成が要求されるビジネスの経営者の発想は、目的合理的です。また、コストカットは極めて短期で成果が目に見えることから、不採算部門の切り離しは自然な発想として上がってきます。今、不採算部門の筆頭格は中東やアフガニスタンですが、リスクの高い東アジアとて安泰とは言えません。

「帝国からの撤退」によって、当然同盟国には余波が及びます。日米同盟を結ぶ日本は、アメリカとのパートナーシップの組み替えを合理的に進めなければなりません。極東の日本と同盟を組むことが、アメリカにとってどのくらいお得なのか。日本にはアメリカへの説明責任が生じます。アメリカは「撤退」をにおわせながら、当然のことのように同盟国に対して負担増を求めるでしょう。グローバルな投資貿易においては、短期的な視点での自己主張が強くなるはずです。

ＴＰＰの交渉では、日米双方が「聖域」にどれだけ踏みこむかについて、細かな事項における勝ち負けを詰めました。戦いとは何かを明確に定義し、その上で戦いに勝ちたい。これが政治家の本能です。

オバマ政権時代に一度妥結したＴＰＰは、アメリカ脱退が確実となり暗礁に乗り上げました。ＴＰＰから離脱するだけでなく、トランプ氏はタフ・ネゴシエーター（手ごわい交渉相手）としてますます国益の追求に専念していくことでしょう。

「オバマ外交」を継承するトランプ大統領

トランプ氏が大統領になっても、ヒラリー氏が大統領になっていたとしても、「普通の大国」化のメカニズムが諸力として働く流れは同じでした。ヒラリー氏のレトリックはオバマ氏より少しタカ派寄りですが、基本的にオバマ氏の政策を継承していました。トランプ氏とオバマ氏の政策は水と油ではなく、トランプ氏がオバマ政権の流れを継承している側面もあるのです。

トランプ氏は「内政改革や経済改革こそが大事だ」と考えます。オバマ氏は人種問題に重きを置きました。二人が重視したのはいずれも内政です。なるべく国民の税金や犠牲を出すことなく、コストをかけずに帝国のベネフィット（利益）を追求したい。これがオバマ政権の性格ですし、こうした考え方はトランプ氏にとっても十分呑める話です。

ただし国際法との抵触具合や、同盟国との協調など、オバマ氏がとても気を遣った分野については、トランプ氏は気を遣わないでしょう。モスル（イラク第二の都市）をイスラーム国（ＩＳ）から奪還するような作戦をやるにしても、民間人の付随的被害をそこまで気にしない軍事的に合理的な作戦になるのではないでしょうか。そもそも、モスル奪還に米国が関与する動機をもたない可能性もありますが。

アウトサイダーが外交戦略を定義した瞬間

大統領選挙中の一六年四月二十七日、トランプ氏は初の本格的な政策演説を行いました。

この演説についての日本での受け止め方は、「トランプ氏が初めて、アドリブでの演説ではなくプロンプター（演説の表示機器）を使った」とか「日本を含む同盟国の負担増が求められた」などと、表層的な分析より踏み込んだことはなかなか聞かれませんでした。私から見ると、これはアメリカと世界の未来にとって非常に重要な、示唆に富む演説でした。トランプ氏が大統領選挙で躍進を続けたのは、紛れもなくアメリカ国民の本音を体現しているからです。アメリカ国民の本音を体系化する初の本格的な政策演説を聴いたとき、私は正直に言うとたいへん感心しました。「時代の雰囲気に言葉が与えられた」という印象をもったものです。「こうしてひとたび言葉が与えられると、我々はトランプ氏以前の世界には戻れないのではないか」とさえ思いました。

トランプ氏自身は、自らをレーガン大統領になぞらえることを好みます。自分は既存の政治に対するアウトサイダーであり、国民にわかりやすい言葉で語る。それでいて、アメリカの強さを象徴する存在でもある、というわけです。トランプ氏の外交演説には、確かにレーガン大統領を意識した部分が多々見受けられました。最も端的にそれが表れているのは、外交チームの総入れ替えを明確にしている部分でしょう。

レーガン大統領も、当時の外交エスタブリッシュメントを軽視し、カリフォルニアやテキサスから引き連れた子飼いの「カウボーイ」たちに重責を担わせました。

しかし私は、「トランプ外交」を考える際に最も参考になるのは、ニクソン大統領の政策ではないかという印象をもっています（この点については後ほど詳しく述べます）。ニクソン外交を表現する際に頻繁に使われるワードは「現実主義」です。トランプ氏の演説は、同氏流の現実主義宣言でした。

トランプ氏は、冷戦終結後から民主党・共和党双方の政権の下で進められた普遍主義に対して、極めて懐疑的です。端的に言えば、ブッシュ（子）型の介入主義の否定であり、同時に、クリントン＝オバマ型の国際協調路線への懐疑でもあります。

アメリカ外交は普遍主義と現実主義の間を、そして国際主義と孤立主義の間を揺れ動いてきました。トランプ演説は二〇一六年という時代背景を背負った時点での、共和党的な世界観をとてもよく体現したものに仕上がっているのです。

トランプ氏が指摘するアメリカ外交の問題点

トランプ氏外交演説でどんなことが語られたのか、具体的にご紹介しましょう。演説の冒頭で、彼は冷戦終結以降のアメリカ外交を批判的に振り返ります。この期間のアメリカ外交について、行き当たりばったりであり、イデオロギー化しており、世界に混乱を招いただけであると酷評しました。

そして、自分が大統領になれば、アメリカ外交に目的と戦略を再導入して平和を達成できると言うのです。演説の中では「アメリカ第一主義」、「アメリカの国益」というワードが繰り返し使われました。

外交とは、国益の追求のために行うものです。アメリカの大統領がアメリカの国益を第一に置くのは当たり前のことですが、この点を何十回も繰り返さなければならないところに、現在のアメリカ外交の混乱があるように思います。

つまり「何をアメリカの国益として捉えるか」、あるいは「どのような時間軸でアメリカの国益を定義するか」という点が争われているわけです。トランプ外交はアメリカの国益をより直接的に、より短期的に捉える特徴をもっています。

この点が現実主義と親和性が高い点であり、私がアメリカの「普通の大国」化と言ってきた発想です。

演説では、現在のアメリカ外交の五つの問題点が指摘されます。これらの問題点の裏返しが、そのまま政策提言の柱となってあらわれるのです。順に見ていきましょう。

第一は、アメリカの総合的な国力の基盤である「経済力の停滞」に対する懸念です。外交演説の最初に、アメリカ外交の停滞の根源には、アメリカ経済の相対的な縮小があるという認識をもってくるあたりは、ビジネスマンの感覚とも符合します。これは的確な発想と言えましょう。

この演説がなされる以前のトランプ氏の発言では、アメリカ経済について短期的には悲観的な見通しをもつとともに、長期的には楽観主義を打ち出している点が特徴的でした。この点が修正されたのであるとすれば、トランプ氏が大きく成長したと評価できます。アメリカ経済の相対的な退潮こそ、アメリカの国益と現在の世界秩序への大きな脅威だからです。

第二は、先述した「同盟国のタダ乗り」についてです。アメリカは米軍の前方展開その他の政策を通じて、同盟国の防衛を引き受けている。にもかかわらず、同盟国は資金的にも、政治的にも、人員としても十分に貢献していない、とトランプ氏は指摘します。

彼はアメリカとヨーロッパの主要な軍事同盟であるＮＡＴＯ（北大西洋条約機構）を例にとり、「防衛費をＧＤＰ（国内総生産）の二％水準とする」という基準を提示しました。この基準を日本に当てはめれば、防衛費を現状の五兆円から一〇兆円水準へと倍増することなります。

同時に目を惹《ひ》いたのは、同盟国とともに地域の安全保障上の脅威認識を再確認しようと呼びかけてもいるということです。どのくらい本気で言っているのか判断が難しいところですが、東アジアにおいて中国や北朝鮮の脅威を「再確認」した場合に、どのような課題が組上《そじょう》にのるのでしょう。その際、日米の役割はどのように分担されるのか、興味深いところです。

第三は、「同盟国の不信を招いている」という指摘です。この点は、主にイスラエルを意識した発言であると思われます。「イスラエルの安全保障を軽視したイランとの核合意(二〇一五年七月)は、オバマ外交の最大の過ちである」。この点は、大統領選挙期間中に各候補から聞かれた、共和党全体のコンセンサスに近いものです。

トランプ氏は中東以外にも、オバマ政権がロシアを意識するあまり、東欧でのミサイル防衛の約束を反故《ほご》にしたという点に言及しています。「アメリカのコミットメントへの不信が世界中に広がっている」という認識が、トランプ氏の中にあるのでしょう。

第四は、アメリカが「挑戦者たちから尊敬を勝ち得ていない」という指摘です。これは、ロシアと中国を念頭においた発言でした。特徴的なのは、アメリカが優位な立場から交渉する限りにおいて、ロシア・中国との妥協可能性はあるという発想であり、米ロや米中は、必然的に対立する運命にはないとする世界観です。

妥協可能性が何を意味するのかは明確に語られなかったものの、アメリカの経済力をより的確に活用するという発想が示唆されました。たとえば、北朝鮮問題について中国の正しい行動を促すために、経済制裁その他の経済的手段が有効であるといった点です。

最後の第五は、「アメリカ外交が明確な目的意識を失った」という指摘です。復興と国際的な仕組みづくりを主導した第二次世界大戦後のアメリカや、共産主義に打ち勝つことを目的とした冷戦期のアメリカ外交には、明確な目的意識があった。それに対して、現在のアメリカ外交は行き当たりばったりであり、特に中東外交の混乱はひどい。こういう指摘が繰り返されます。

クリントン政権の人道的介入は、いくつかの例では良い成果を出したかもしれません。しかし、クリントン大統領は国益を明確に定義しないまま、状況依存的に介入を行いました。「これはアメリカの国益ではないと私は思う」とトランプ氏は主張します。「イラク戦争は経済的に破綻しているし、あの戦争には完全に意味がない。しかもイラクにはイスラーム国ができてしまったではないか」。このように言われれば、確かにもっともではあります。

この現状に対するトランプ氏の処方箋が「アメリカ第一主義」であり、「信頼されるアメリカ」であり、地域の安定を最重視する姿勢の強調です。大事なのは安定であって、民主主義を広めることでもリベラルな価値観を広めることでもない。こういう考え方を、トランプ氏は演説の中で明確にしました。

「パクス・アメリカーナ」

トランプ氏は政権奪還を目指す野党共和党の候補者だったわけですから、オバマ政権が進める外交政策に批判的であるのは当然のことです。一六年四月二十七日のトランプ氏の外交演説では、野党と与党の違いを超えた、アメリカ外交の根本的な発想の転換が主張されました。

それは「冷戦に勝利し、グローバリゼーションとイノベーションを牽引して世界経済を拡大し、自由と民主主義を広めるために努力した結果がこれか」というアメリカ国民の不満に根差しています。

アメリカ外交の問題点に続いて提示されたトランプ氏の戦略は、子ブッシュ政権期の「テロとの戦い」を名目とした介入主義でもなく、クリントンおよびオバマ政権期の自由主義的な発想に基づく多国間協調路線でもなく、ストレートに「アメリカの力に基づく平和」（＝パクス・アメリカーナ）の継続を目指すものでした。

この発言を聞いた人は、誰しも孤立主義のにおいをかぎ取ったことでしょう。演説が収束に向かう際に繰り返されたのは「平和」という言葉です。アメリカが力を取り戻すことによって、二十一世紀はかつて人類が経験したことがない水準で、平和と繁栄を達成できるとトランプ氏は自信を覗かせています。

トランプ氏が掲げるのは国益重視と赤裸々な自国中心主義ですが、彼は決して価値観を重視しない人物ではありません。なぜ平和が大事なのでしょうか。平和こそが経済の基盤だからです。経済活動は、治安が安定していて戦争がない状態でなければ成り立ちません。この点は、トランプ外交を理解する際のカギになるのではないでしょうか。価値を広めるための外交や軍事介入ではなく、功利主義的にビジネスを進めるための、戦争の不在という概念です。

トランプ流平和主義

日本や韓国には、アメリカとの同盟に対する十分な支持も、責任分担もない。なのに、なぜ経緯論としてアメリカが東アジアに介入しなければいけないのか。これはトランプ新大統領が提示する素朴な疑問です。「中国や北朝鮮にそんなに脅威を感じるのならば、まず自力で自国を守ればいいではないか」「なぜ日本は国防費を二倍にしないのか」。

こう言われたときに、日本ができる唯一の反論は「でもそこには長年の経緯があって……そもそもお宅がここに居たいって言ったから居るんですけど……」という言い方です。米軍が日本に駐留するのは決して「必然」ではなく、あくまでも「経緯」にすぎません。

アメリカが「日本から撤退する」と言ったときに、「日本から引き揚げるのはアメリカの利益ではない」と我々が言うことはできます。「それでもアメリカは引き揚げる。さようなら」と言うのは、アメリカの自由です。「経緯論にまったく囚われない安全保障戦略もある」ということが、トランプ氏の登場によって日本人にもだんだんわかってきたのではないでしょうか。

「戦後の日米関係の経緯があるのはわかる。だが戦後七〇年間、日本は安全保障についてろくに考えてこなかったではないか」とトランプ氏から言われてしまえば、そのとおりですから、日本は苦しいのです。

なぜトランプ氏が「平和」を強調するのでしょう。

彼はそもそも、アメリカが戦争をする必要を感じていません。他国で面倒くさいことが起きたときには、見捨ててしまう。ロシアとアメリカ、中国とアメリカの間では相互核抑止が成立していますから、どちらかが攻めたら世界の終わりです。つまり、ロシアとアメリカは戦争をしない。中国とアメリカも戦争はしません。日本とアメリカは同盟国ですから、戦争をするわけがない。

世界の主な大国と戦争をする可能性はゼロなのに、何のためにわざわざアメリカが中東へ出かけて戦争をしなければならないのか。トランプ氏が言っているのはこういう話です。

トランプ氏に戦争をする気がまったくないという事実は、非常に強いインパクトをもたらします。なぜアメリカ人は、九〇年代に「アメリカは戦争をしなければならない」と思いこんでいたのでしょう。そこは一度立ち止まって考えるべきです。

ビル・クリントン氏はもともと、戦争に関心なんてまったくありませんでした。ヒラリー・クリントン氏は内政一本槍の人だったにもかかわらず、なぜいきなり「リビア介入での私の判断は正しかった」というところまで外交政策面で勝手に成長してしまったのでしょう。私にはちょっと理解できないところがあります。

トランプ氏のように、まっさらなゼロベースで物事を思考する政治家が出てきたときに、経緯論をぶつける手法というのは、とても弱いのです。同時に、トランプ氏がまったく正しくないとしても、やはり私たちは一度立ち止まって考え直すべきだと思います。

私にはトランプ氏に対して「この人は何をするかわからない」という相当な懸念がありますが、ヒラリー・クリントン氏に関しても相当懐疑的でした。彼女が大統領になっていたとすれば、これまでの経緯論に引きずられ、結局今までの政権がやってきたことと同じことをしていたのではないでしょうか。今までのアメリカ大統領が犯してきた過ちを、彼女が繰り返さないと信ずるに足る理由は一つも見当たらないからです。

イスラーム過激主義と経済的退潮

トランプ氏の外交演説分析に、話を戻しましょう。

アメリカの安全と繁栄に対する本質的な脅威については、①イスラーム過激主義、②アメリカ経済の相対的な退潮、の二つが挙げられます。イスラーム過激主義については、世界の人口構成の中長期的な展望と、アメリカに対する本質的な敵意と妥協不可能性の観点が強調されます。

オバマ大統領やヒラリー氏は、イスラーム過激主義と正面から向き合わず、イスラーム国に対しても「封じ込め」政策に終始しました。トランプ氏はそのことを激しく非難しています。ただし、この外交演説がそれまでのトランプ氏と異なっていたのは、「イスラーム過激主義との闘いにおいては、イスラーム教国の同盟国やロシアとの協調が必要である」との観点が提示されたことです。

アメリカの経済力の相対的な退潮について、多く語られたのは対中関係でした。アメリカから見たときに、中国の脅威とは第一義的には軍事的なものではなく、経済的なものであるとトランプ氏は言います。

中国の軍事力は、アメリカ本国にとってはいまだ直接的な脅威と言える水準ではない。その一方で、対中貿易を通じてアメリカの製造業が衰退し、アメリカの財政赤字が中国の資金力によって支えられている。その現実への脅威認識を、トランプ氏は示します。アメリカから世界を見たとき、中国と対立するにせよ協力可能性を探るにせよ、その主戦場は経済分野だというのです。

「リベラルな国際秩序」への懐疑

アメリカの力を再確立するため、米軍の能力を再確立することが急務であるとトランプ氏は言います。米軍の優位性は、誰からも疑問視されてはならないというのです。そのために挙げられた第一の課題は、核兵器体系の更新であり、核抑止の再確立でした。この点は、歴代政権が正面から取り組んでこなかった安全保障専門家の根本的な課題認識であり、オバマ政権の「核なき世界」路線からの明確な決別です。

その他にも、海軍や空軍の量的な拡大や装備の更新、人工知能やサイバー攻撃などの新しい技術においても、世界をリードする強固な意志が表明されました。

トランプ氏の外交政策を支える根本的な世界観は、冷戦後の世界において形成された民主主義的な価値観に基づく「リベラルな国際秩序」(liberal international order)への懐疑です。懐疑というよりも、「そもそもそんなものが存在したのか」という苛立ちに近い感情でしょう。

現にロシアはクリミアやシリアで、中国は南シナ海で、「リベラルな国際秩序」とは正反対の行動を繰り返している。にもかかわらず、世界にはそれを止めさせる力はない。リベラルな世界観を声高に主導していたヨーロッパでさえ、一〇〇万人規模の難民が押し寄せただけで、見るも無残に腰砕けではないか、と。

冷戦後に語られた理想主義は、結局は一九二〇年代のそれに似ています。そんな理想主義に本当に世界の平和を守る力はなく、平和を守れるのはアメリカの力だけである。いやむしろ、大国間の平和が保たれれば、辺境に紛争が存在したってかまわない――こういう発想です。

「ニクソン・ショック」と「トランプ・ショック」

トランプ氏の外交演説には、ある意味で、典型的な共和党的発想と言える部分が多く含まれていました。米軍の優位を絶対的なものとすることは、レーガン政権期を通じて形成された発想と通じるものがあります。

米軍の中身について、冷戦型の大量展開型の軍隊から、テロ・宇宙・サイバーなどの新しい脅威にも機動的に対応できる軍への転換を目指す。これは子ブッシュ政権期のドナルド・ラムズフェルド国防長官が目指した路線です。また、実際の米軍の展開は、質量ともに圧倒的な優位な状況においてのみ行われる。いざ展開する場合には「勝つために戦う」。こういう発想は、レーガン政権期のキャスパー・ワインバーガー国防長官や、父ブッシュ政権期のコリン・パウエル統合参謀本部議長の発想と同じです。

トランプ氏の演説には、従来の共和党的な路線からの逸脱も見受けられました。特徴的なのは、グローバリゼーションに対して懐疑的な目を向けている点です。この点は、従来型の共和党候補と大きく異なる点でしょう。その必然的な帰結は、外交全般における孤立主義的傾向です。

経済分野では、グローバリゼーションの果実を目いっぱい享受しつつも、自国の企業が工場を海外移転しようとする場合に介入して阻止するなど、保護主義的政策も行うでしょう。安全保障分野では、アメリカの核心的な利益とはみなされない地域やテーマに対して、介入に消極的になることが予想されます。

東アジアがアメリカの中核的な関心を呼ぶ地域ではないというのは残念なことですが、

現実はそんなものです。その点において、トランプ外交の世界的な文脈と東アジア的文脈とのズレが生じてくることになるでしょう。アメリカ国民のほとんどは、西太平洋の局地戦にアメリカの核心的利益を見出すことはないからです。

トランプ大統領の誕生によって、世界中の外交・安全保障専門家は右往左往しています。トランプ氏の外交演説の原則をそのまま日本の文脈に当てはめれば、「在日米軍の駐留費は全額負担」「防衛費は五兆円から一〇兆円規模に増やす」「中国や北朝鮮の脅威への対処について、ゼロベースでアメリカと交渉する」ということになります。

これらがすべて突きつけられれば、二十世紀後半の日本外交の転機となった「ニクソン・ショック」と同規模の「トランプ・ショック」です。

なにせ相手は、合理性と損得で物事を考えるディール・メイカーです。しかも、これまでの経緯論にこだわらずにゼロベースで思考する、日本が最も苦手とするタイプです。

「脅威」を否定するトランプ氏

ここで一度、アメリカが孤立主義に凝り固まっておらず、何らかの外交政策の目的を有していた時代を振り返ってみましょう。

まず朝鮮戦争（一九五〇～五三年）を通じて、アメリカは世界の防衛にコミットしていきました。ケネディ政権（六一～六三年）になると、アメリカは世界各地で軍事要員を増やし、帝国経営に乗り出していきます。そこには「東側陣営から西側陣営を守る」という大きな目的がありました。

第二次世界大戦前の時代はどうだったかというと、第一次世界大戦のときにウッドロウ・ウィルソン大統領（一九一三～二一年）は、専制政治が存在する限り、世界は民主主義にとって安全ではないという趣旨の演説をします。これは子ブッシュ政権が主導したイラク戦争の考え方に通じるものがあります。ブッシュ大統領もまた、専制を敷く独裁者を追い落とし、民主主義を広めようという考え方をもっていました。

自分が向かい合う世界を、脅威によって定義するという冷戦思考は、冷戦終結後も健在でした。ＷＭＤ（大量破壊兵器）やテロ集団の存在が、ソ連の脅威のかわりに浮上したのです。

ではトランプ氏はどうなのでしょう。トランプ氏はそもそも、今の世界に何か支配的な脅威が存在するという考え方そのものを否定しています。

まず脅威から説明しますと、彼が「アメリカの国益を脅《おびや》かす中長期的な脅威だ」と認識しているのは、繰り返しになりますが、イスラーム過激主義です。長期的な人口動態として、ムスリムは増え続けています。ムスリムの中には、アメリカに対して強い敵意をもっている人が多く存在します。ただしトランプ氏は、そのムスリムと戦うべきだとは思っていません。

彼はオバマ政権のように、結果的に中東でイスラーム過激主義を促進してしまうような、中途半端な軍事介入はしないでしょう。中東でのどちらか一方に対する肩入れも、やる気はないわけです。「今のままでは君たちには民主化も経済発展も無理だ。せいぜいそこで朽ち果てればいい」と考え、中東に軍事介入はせず放置しておくのでしょう。

共和党のマルコ・ルビオ候補は、大統領選挙中に中国への脅威論を強調しました。トランプ氏はルビオ氏のように、中国を軍事的脅威だとは考えていません。「中国はあくまでも経済的な競争相手にすぎない。主戦場は経済分野だ」というわけです。

中国とアメリカの間には核抑止力が働いていますし、戦争するインセンティブなど両国にはありません。領土的拡張をねらったところで、経済上マイナスに働くだけです。そんな意味のないことは、最初からやる必要はない。

中国とアメリカは軍事力の競争をするのではなく、経済力の競争のみに努めればいい、という発想の転換です。

ではロシアはどうかというと、トランプ氏はロシアのことを「挑戦者」と呼んでいます。国益がぶつかる部分については、ロシアも堂々と国益を主張する。防衛すべきところは防衛する。それは当たり前のことですし、アメリカがロシアの勢力圏を塗り替えようとする必要なんてない。旧東西陣営の間に、権力の分有を認めているのです。

宇宙戦略とサイバー戦争の二点突破

ではどうやってアメリカが世界的な覇者の地位を守るのか。まずは経済面で優位に立ち、米軍の絶対的優位を保つ。戦略上の大きなレベルで絶対的優位に立てばいい、という考え方です。今の新技術を考えれば、重厚長大型の軍備を増強する方向性は正しくありません。宇宙戦略とサイバー戦争、この二点突破が最も正しい軍事戦略です。

ミサイル防衛に頼るだけでは核抑止力は打破できません。相互確証破壊の状況があるわけですから、他国より軍事的に優位に立つためには、別の「戦場」へ移動する必要があります。それが宇宙でありサイバーです。

宇宙とサイバーに対する投資は、ヒラリー氏が大統領になってもやっていたでしょう。宇宙とサイバーには、民生利用と軍事利用という両面があります。平和的な技術開発をしているふりをしながら、もう一つの目的として、隠れた軍拡競争を進めるのです。

普通は宇宙とサイバーについて「軍拡」という側面を前面には出さないものですが、トランプ氏は正面から軍拡の色を打ち出すでしょう。トランプ氏は他の政治家とレトリックが違うだけでなく、そもそもの目標の置き方が違うのです。トランプ氏は「アメリカは何を目的とするのか」「アメリカはどのようにして覇権を維持するのか」という目標に徹底的にこだわるはずです。

こうした世界観を否定することは、実は誰にもできません。私たち日本人が言えることはせいぜい「宇宙の軍事利用は禁止しよう」といったような、小国としてのお願いだけでしょう。中国との間に軍事戦略上の信頼関係を作れない以上、アメリカが宇宙を軍事利用して覇権を握ろうとするのは、当然の戦略です。

戦争を目的とはせず、相手の陣営を滅ぼすことを目的ともしない。宇宙とサイバー戦争によって不戦勝を果たす。これがトランプ大統領が描く、新しいアメリカの像です。

トランプ氏とニクソン氏の意外な共通点

私はトランプ大統領とニクソン大統領（一九六九〜七四年）には、意外な共通点があると見ています。まず表層的なところでは、ニクソンが中国と接近した点です。かつて敵国だったロシアに接近するトランプ氏の外交アプローチは、ニクソン大統領とよく似ています。

より本質的には、足かせを嫌う傾向です。ニクソン大統領もトランプ大統領も、自分の戦略的思考にとって足かせになる現状維持的な発想、経路依存的な発想を否定します。ニクソン大統領は、ベトナム戦争がアメリカにとっての足かせだと考えました。ソ連との軍拡競争も、ニクソン大統領にとってみれば足かせでした[15]。

自分の政権下で、強い覇権国家としてのアメリカを再更新させていく。そのためにやるべきは、既存の対立を受け入れた上での軍拡競争でもなければ、地域紛争に対する介入でもない。こうした発想は、事実として正しいと思います。ただ、歴代のほとんどの大統領はそういう発想をしませんでした。

ニクソン大統領は自伝の中で、ベトナム戦争と軍拡競争について「人質を取られているようなものだ」と表現します。トランプ大統領にとっての「人質」とは何なのでしょう。それは今のシリアの状況であり、アフガニスタンの状況であり、イラクの状況です。足かせとなる「人質」など、見捨ててしまえばいい。トランプ大統領はそのように合理的に発想するのではないか。

ニクソン大統領もまた「見捨てる安全保障」を展開しました。ベトナム戦争中の七〇年、ニクソン大統領はカンボジアに侵攻しています。結果的にあの侵攻は失敗したわけですが、当初の戦略は「勝ったように見せて勢い良く撤退する」でした。「そのあと南ベトナムがどうなろうが知ったことではない」というわけです。

カンボジア侵攻の失敗で「勝ったように見せる」戦略に失敗したあとは、去り際にこだわらず、撤退を進めました。そのためには、東側の仇敵である中国とさえ接近したわけです。

ではトランプ大統領ならばどうするのでしょう。彼は「まずはシリアの住民の生命と安全が大事だ」とは考えません。中東において、アメリカと最も似た国はイスラエルです。

言論の自由が認められ、民主主義と資本主義があるイスラエルのような国は友好国であると認識する。次に普遍的な人道問題に手をつける。ただし、アメリカにやれることとやれないことがありますから、やれないことは無理をしてまでやらない。そして「イスラーム国を滅ぼした」と言葉で言える道を、トランプ大統領は模索するでしょう。それさえも難しければ、トランプ大統領は掃討作戦をやめて悠然と中東から撤退するはずです。

反エリート主義

実際に改革が成功するかどうかは別として、トランプ大統領は卓越したゲームチェンジャーであると私は思います。私が歴代大統領の中でニクソン氏が好きなのは、彼もまたゲームチェンジャーだったからです。

ニクソン大統領は選挙戦の真っ最中、配下が相手陣営の民主党本部を盗聴した上、大統領自ら隠蔽工作までしました（ウォーターゲート事件）。当時、ジャーナリストだった人は、ニクソン氏のことをよく思っていません。

口汚いことこの上ない。人格的にも問題がある。頭は良いけれどもエリート出身ではない。ジャーナリストがニクソン氏を侮蔑すべき要素は、いくつもありました。

私が人を評価するときには、その人がもっている一番強い思い、さらに歴史的必然性と正当性をフェアに見るように気を付けています。ニクソン大統領は「ザ・反共」であり、共産主義に抑えがたい憎しみをもっていました。当時ニクソン大統領が抱いていた共産主義に対する不信感、共産主義に甘いインテリに対する不信感は、おそらく歴史上必然としての段階であり、通り抜けなければならない一頁だったと思います。「赤狩り」が暴走し、自由主義の危機を招いたことは確かでしたが。

ニクソン大統領の中には反エリート主義が潜んでいました。一から自分で思考を組み立てるタイプの人物だったため、彼は共産主義に甘い体制に疑問を呈しました。また、自分の頭で物事を考え抜いたからこそ、彼は反共主義に引きずられず、中国と和解することもできたわけです。こういう点はフェアに評価しなければなりません。

トランプ氏に関しては、皆さん「ひどい差別主義者だ」と怒っていますし、私も実際そうだと思います。「大衆にメッセージが伝わりさえすれば、細かいところはごまかしてもいい」「エリートから見て批判のしどころがいっぱいあっても、そんなものは知ったことではない」。こうした反知性主義的な考え方や、敵を容赦なく潰しにかかる性格は、決して褒められたものではありません。

ただし、彼がそのムチャクチャなロジックに至ったことにも、必然性があります。大転換には緻密な論証など無理だからです。

ヒラリー氏は、イラク戦争に賛成し、リビア介入に積極的でした。戦争がうまく行かなくなると、「プレゼンス」のための派兵や駐留を支持してきました。それは、現状維持のためには兵士の何十人、何百人かが犠牲になっても構わないという考え方でもあります。国全体が良く見えさえすれば、兵士の命が犠牲になっても構わない。そういうエリート主義を体現してきたわけです。

このような体制側の政治家に真っ向から異議を唱えるトランプ氏は、「ニクソン大統領の再来か」と思わせるゲームチェンジャーとなる可能性をもっているのです。

第七章　‖　日米関係の新たなる地平

冷戦期日本の奇妙な安定

冷戦中の日本の国際情勢における意味あいは、「起こりにくい有事に備えるための前方基地」でした。朝鮮半島に比べると、日本の本土で戦争が勃発する可能性はほとんどありません。日本で戦争が起きるようなことがあれば、それは核戦争が起こりかねない事態を意味します。世界が終わるシナリオです。

日本は五五年体制の下、保守による現実路線の安全保障政策を粛々と進めてきました。その中身が、時代の要請やアメリカの要請によって変化することはありえましたが、結果から言えば、日本の安全保障政策がダイナミックに転換することはありませんでした。国内政治で外交や安全保障を取り扱うときには、とても静的な状況認識が持続したのです。五五年体制の下、左派は社会主義への幻想に基づいて中ソを見ていた期間があります。少し骨のある非武装中立路線もありましたが、これは現実に適用することが難しい思想でした。

例外として、日本政治における安全保障観が揺さぶられたことは二度あります。一度目はベトナム戦争（六四〜七五年）です。ベトナムは日本と距離が近いこともありますし、民間人を含む同じアジア人が非対称戦争で犠牲になってゆく事態は衝撃を生みます。アメリカ帝国主義を批判してきた人にとっては、ベトナム戦争は格好の事例でした。それと同時に、苦戦するアメリカは日本社会に戸惑いを生みます。

ソ連側からの問題も起きました。七九年に勃発したソ連のアフガニスタン侵攻です。それまでは、軍事侵攻はアメリカだけがやるもので、社会主義陣営は軍事侵攻しないという仮説が左派にあったわけですが、それが根底から覆《くつがえ》りました。

とはいえ、日本が冷戦中に安定した戦争観、安保観を持ち続けることができたことは確かでした。

第五福竜丸事件と原水爆禁止運動

日本は広島と長崎の経験から反核感情の強い国ですが、国民がその感情を広く共有し、現代的な懸念として関心をもつに至ったきっかけは、第五福竜丸事件です。五四年三月、南太平洋のビキニ環礁でアメリカが水爆実験を実施しました。

日本の漁船・第五福竜丸は、運悪く水爆の放射線にさらされます。乗務員は被曝《ひばく》して一人が死亡し、第五福竜丸が日本に持ち帰ったマグロからは強烈な放射能が確認されました。さらにこの年には、水爆実験の影響による放射能が雨となって日本列島に降り注いでいます。これは新たな「被曝」事件として怒りを呼び起こし、核抑止に対する反感、核に対するアレルギーが広く共有されました。

日本人は日米同盟の「核の傘」によって、東西冷戦の緊張下で守られてきたわけですが、その日米同盟のあり方に疑義を唱える形で、原水爆禁止運動はうねりを増していきました。そして五五年八月、第一回の原水爆禁止世界大会が広島で開かれます。ただしその後、原水爆禁止運動が内部分裂したせいで、一般国民の関心は低下しました。

戦後日本がどのような安全保障観に立っていたのかを示す、一つの出来事があります。六四年十月、中国は初めて核実験を実施しました。この核実験をめぐり、日本が奇妙な落ち着きを見せていたことはよく考えてみると不思議です。今日の日本は、北朝鮮の核実験に対して強い脅威認識をもっているわけですが、当時の中国に対して強い反発を示すことはありませんでした。

六四年にはまだ中国との国交正常化はなされておらず、中国という国が謎のベールに包まれていたこともあります。戦争が終わってまだ二〇年も経っていないため、戦時中に日本軍がやったことへの贖罪《しょくざい》意識も強く残っていました。そのため、日本の政治リーダーは中国に対してあまりとやかく言わないところがあったのかもしれません。

もしくは中国について途上国として軽く見る思い、さらに歴史的な大国としての妙なあこがれの感情がミックスされ、「中国は核をもつ権利がある」と思った人もいたのかもしれません。もし今の中国が「我々はこれから核武装する」と宣言し核実験を始めれば、いったいどのくらい激しい反発を呼んだことでしょう。

戦後日本は世界の安全保障環境からかけ離れ、閉ざされて存在してきた「前方基地」なのです。そのため、他国の例とは違ってナショナリズムが激しく煽られることはありませんでした。戦争における反省、ナショナリズムに対する懐疑がありますし、安泰な保守政権を維持したい為政者が敢えてナショナリズムを煽るインセンティブも存在しません。

自民党政権は保守をおさえており、左派の側は、ナショナリズムにそもそもの違和感をもっていました。以上のような奇妙な歴史的に特殊な状況に置かれたことによって、幾度かの転機はあったものの、日本が世界の安全保障を我が事のように強く意識する機会はほとんどなかったわけです。

ナショナリズムが顔を出すとき

日本でも「自主防衛か日米同盟か」という論争が盛んに行われたことがあります。このような論争は、東西冷戦や核拡散が進む世界から切り離され、あくまでも安全圏でなされました。一九六〇年前後の安保闘争をめぐるデモは戦後の大衆運動が最も激しさを見せた瞬間でした。安保闘争で表明された大きな懸念は「巻きこまれの不安」です。この時期の日本人は、自分たちが見捨てられることよりも、巻きこまれることを怖れていました。ベトナム戦争に反発して、反日米同盟運動も盛り上がりました。

実は、戦後の日本社会では、「アメリカはもう落ち目だ」とみなす人が出てくると、反米感情が顔を出すという興味深い現象があります。

アメリカはゲリラ戦で苦戦し、北ベトナムになかなか勝てませんでした。それを見て、反米ナショナリズムが巻き起こったことの裏には、このころまでの日米同盟が所詮は利害関係に基づくものでしかないことがありました。アメリカの国力が落ち目になれば、すぐに離反する程度の関係であったからです。

しかし、自主を叫ぶ日本人の多くは、世界を視野に入れて安全保障のあるべき姿について深く考えていたわけではありませんでした。

時折やってくる反米意識は、日本のナショナリズムを一瞬ですが高揚させては引いていくことを繰り返しました。ただし反米意識がこのところ弱まってきたように感じられるのには理由があります。冷戦後の世界の構造を完全に変えてしまうトレンド、つまり中国の伸長があったからです。

中国の力が伸長すると、政権内では日米同盟強化の思惑が働きます。

冷戦後、「漂流」していた日米同盟を再定義した九六年が、台湾海峡危機によって中国が自国の核心的な利益のためには海外での武力行使も辞さない姿勢を鮮明にした年と同じであるのは偶然ではありません。現在の安倍晋三《あべしんぞう》政権に至るまで、中国の伸長というトレンドが、日米同盟強化に働く因果関係があるわけです。

ただし、政権内に働くそうした動機は、日本国民に広く共有されてはいません。

安倍政権を強く支持する一部の人たちの中には「中国が伸長してきているのだから、日米同盟をもっと強化するしかないだろう」と思っている人はいます。ただし、それは日本人の大半を占めるには至っていません。イラク戦争の失敗や金融危機といった危機が起こるたび、これでアメリカも終わりだというとんちんかんな言説がはやるのも、こうした理由ゆえです。

アメリカの覇権に対する懐疑心が芽生えると、反米意識が顔を出す。こうした日本の特徴は、冷戦期から繰り返しているものなのです。

外交族の中で渦巻く「湾岸戦争症候群」

近年に至り、原爆投下に加えて新たな「被害の物語」として北朝鮮の拉致事件が関心を惹くようになりました。日本人のナショナリズムが刺激されるときには常に「被害の記憶」が掘り起こされます。占領期になされた米軍の暴力、性暴力もそうです。

ただし「被害の記憶」がすぐに報復に向かうかというと、そうではありません。むしろナショナリズムが立ち上がると、日本人は内に閉じこもりがちになります。外を攻撃するよりも、内にこもって孤立主義を目指す傾向が日本人にはあるのです。日本人の被害の物語は、グローバルな物語へはまったくつながりません。

湾岸戦争（九一年一～二月）が起きたとき、政権側のエリートは「湾岸戦争症候群」と呼ばれるような苦々しい思いを味わいました。日本は戦争に参加しないかわりに、一三〇億ドルもの資金を多国籍軍に拠出しています。にもかかわらず、クウェートがワシントン・ポストに出した意見広告の中で、感謝の意を示す国のリストに日本は含まれていませんでした。

「日本はカネで物事を済ませ、世界の平和構築にまったく貢献しようとしない」とバカにされた悔しさが日本のエリート層にはあり、「あのとき左派に足を引っ張られたせいだ」と恨んでいるわけです。世界をよく知る外交官の少なくない人々が、「日本が応分の貢献をできないのは惨めだ」という感情をもっています。

九三年五月、カンボジアのＰＫＯ（国連平和維持活動）任務中に文民警察官が銃撃されて死亡しました。〇三年十一月には、イラクで奥克彦《おくかつひこ》氏、井ノ上正盛《いのうえまさもり》氏という二人の外交官が銃撃されて死亡しています。

これらの事件が起きたとき、日本国民の反応は全体に冷たいものでした。普通の国であれば、当然のことながら彼らの死を栄光に満ちた殉職として褒め称え、さらにはナショナリズム高揚の道具に利用します。ところが日本では、それほどナショナリズムに寄与することはありませんでした。

政権は、国際貢献には一定の犠牲がつきものであることを国民から隠そうと必死であるように見受けられます。およそ国際的な負担共有はこの国ではまったく不人気だからです。国際貢献に限らず、国際社会に存在するだけで絶えずリスクにさらされるのに、国民は正面からそれに向き合おうとしません。

安全保障関連では、これまでPKO協力法（九二年成立）、周辺事態法（九九年成立）、イラク特別措置法（〇三年成立）、平和安全法制（一五年成立）といった数々の法律が制定されています。これらの法律を作るときには、いずれも政権は強い批判にさらされ守勢に回ってきました。

変化を起こそうとする側、国際情勢に追いつこうとする側は、日本ではいつも厳しく説明責任を求められます。日本人に「外向きのナショナリズム」があれば、「こういう法律はぜひ作るべきだ」と後押しされるでしょう。政府は、安全保障の議論において、日本国内の議論があまりに世界の常識からかけ離れているので、真実を語ることに後ろ向きになってしまっています。悲しいかな、野党のことも、メディアのことも、国民のことも信用していないのではないでしょうか。

日本では、異なる考え方の人同士がお互いに「自分が正しい」と思いこんでいます。想像力が行き違ったまま「相手は邪悪なのだ」と対話の回路を閉ざしてしまうのです。相も変わらず、日本では東アジアの安全保障をめぐって本質的な議論が始まることはありません。

「安全保障化」の時代

戦後日本の安全保障の中での最大の変化は、二〇〇〇年代以降の中国に対する意識変化です。それは中国の国力が軽んじることのできないレベルにまで到達し、同時に生活者に近い次元で、違和感や恐怖を感じるような出来事が起こったことで引き出されました。

「コペンハーゲン学派」と呼ばれるデンマークの国際政治研究者オレ・ウィーバーは、「安全保障化」（セキュリタイゼーション）という安全保障の概念を打ち出しました。[16] 生活者レベルで存在するさまざまなリスクが極端に政治化することによって、やがて大きな脅威に発展するというのです。

たとえば、〇七年末から〇八年初頭にかけて、毒入りギョーザ事件が日本中のニュースを席捲しました。一部の食品加工工場で起きた不祥事だったはずの毒入りギョーザ事件は、中国に対する脅威認識へと直結します。

中国に対する脅威認識は、軍拡競争や核拡散といったなかなか実感をもてない話よりも、毒入りギョーザのように手が届く話題のほうが理解しやすく火が付きやすい。安全保障化の時代においては、時に、予測不能なほどの強い反応が社会に呼び起こされます。「これは安全保障問題だ」と思えば優先度は飛躍的にアップする。そのような事態を煽る諸力も民主主義国には存在します。

ところが、安保問題全体として見れば、いまだ対米ナショナリズムが支配的な状況が続いています。アメリカに対してどれだけ強くものを言えるか、どれだけ同盟を強化するかで自己定義してしまう傾向が根強いのです。

アメリカとの距離感で語り続ける左派と、中国との距離感を語る右派は、日本の中で今後もすれ違いながら対立を続けていくことでしょう。

「歴史の終わり」と「文明の衝突」

冷戦後がどういう時代になるのかについては、アメリカの政治学者フランシス・フクヤマが八九年に「歴史の終わり」と表現しました（論文「The End of History and the Last Man」）。「歴史の終わり」に反論するような形で、アメリカの政治学者サミュエル・ハンチントンは九六年に「文明の衝突」を発表しています。

フランシス・フクヤマが言ったのは、要は「民主主義と資本主義の正当性を疑う人は誰もいなくなる。すると近代を牽引《けんいん》してきたそもそもの動機が、論争の対象ではなくなってしまう。したがってこれからは面的拡大があるだけだ」ということです。

九〇年代前半、西洋の人々は「これ以上人間は進化しない」という恍惚《こうこつ》感と行き詰まりを同時に感じていたのです。そこでハンチントンは、「いや違う。文明圏の衝突が起きるのだ」という破壊力のある投げ込みを行いました。

「文明の衝突」の議論は、学者や外交官など、専門家の間ではすこぶる評判が悪かったのですが、メディアや大衆に向けては強い訴求力をもちました。世界中で賛否を巻き起こすベストセラーとなります。私は、ハンチントンのこの主張は、部分的にしか正しくなかったと見ています。と言いますのも、文明圏の衝突はそもそも起こってはいません。むしろイスラーム文明圏の中で、論争や火種、紛争が拡大する方向をたどっているというのが実態であると思うからです。

冷戦期、米ソがお互いに軍事行動を起こせなかった最大の理由は何でしょうか。核抑止と相互確証破壊があるからです。でももし気を許せば、両者は直接的に衝突していたかもしれません。お互いに対して憎しみがあり、なおかつ「やらなければこっちがやられる」という脅威認識が存在するという、相互確証破壊の危ういバランスが成り立っていただけの話です。

ただし、相手の文明に対する憎しみは反共イデオロギーほど強い動員力はありません。他文明への憎しみに駆られて衝突するのではなく、異なる者を拒絶し、国境を閉じる方向へと向かう。これがまさに今、ヨーロッパで起きていることです。

「文明圏の境目で紛争は起きる」というサミュエル・ハンチントンの主張は、結果的には正しくありませんでした。混乱は、一部の「文明圏」が統治能力を失い、無秩序化した結果として起きているからです。

ハンチントンは、〇四年に『分断されるアメリカ――ナショナル・アイデンティティの危機』という本を書いているのですが、こちらのほうが現在の世界を理解する示唆に富んでいるかもしれません。彼は「文明の衝突」があまりに粗削りだったことを、おそらく自覚していたのでしょう。

「文明の衝突」を発表したのち「文明の衝突とは国内で先鋭化する。国内で主流派が存在しなくなると、血みどろの抗争が起きる」というアメリカ特有の懸念にたどり着いたのだと思います。

つまり「文明の衝突」とは兵士の動員理由たりえません。異なる文明圏同士がぶつかり合う時代なのではなく、「文明の衝突」とは国内に存在するのです。まるで「内戦」のようだった今回のアメリカ大統領選挙を見ると、そのことがよくわかると思います。

民主主義体制下で生きる現代の兵士は市民です。知性があり、自分の頭で物事を考えます。彼らは傭兵ではないため、「正当性がある」と思える理由がなければ戦場に出かけたがりません。サミュエル・ハンチントンが言うところの「文明の衝突」は、戦争を始めるためには弱すぎて機能しえないのです。

ハンチントンが言う「文明の衝突」は、二極や多極を構成するほどの大きな対立要因のメカニズムにはなりません。世界にはそれぞれ国益を追求する国々があり、地域ごとにさまざまな勢力均衡が展開するからです。私は、こうした地域ごとに参加者が異なり、ルールも異なるような勢力均衡ゲームが別々に展開する時代を、新・勢力均衡の時代であると表現しています。

新・勢力均衡の時代

勢力均衡を実地に行うためには、いくつかの条件があります。まず、同盟の組み替えが容易でなければなりません。日本のようにアメリカとベッタリならば、安全保障を強化するためのアクセルは「同盟強化」しかないわけです。勢力均衡の世界では、アクセルもブレーキも複数存在します。

東アジアに、本当に勢力均衡は存在するのでしょうか。東アジアに存在している国の中で、いまだかつて勢力均衡のゲームをやったことは歴史的にありません。

よく「中華秩序」と言いますが、中央に中国という大国が鎮座し、東西南北に小国が散在する。中国はその小国に対して優位を保ちますが、侵攻することは少なく、階層的な秩序に基づいて共存します。

中華秩序ですべてを説明できませんが、歴史の経緯からして、私たちは、ヨーロッパのようなサイズの似た国家が多数込み合って併存する地域で育まれた行動様式である勢力均衡思想には染まっていません。

東アジアの階層秩序とは、中国一番、日本二番、韓国三番といったような順序を重んじ、その分に応じて二国間の関係を積み重ねていくことで成り立ちます。そこにおいては、誰もが誰もに関心をもっているというヨーロッパのような世界は成り立ちません。

実際、勢力均衡には弱点もあります。その一番の弊害は、局地紛争に皆が強い関心をもってしまうところにあります。ウクライナ紛争が起きたとき、ヨーロッパの人々は「ロシアは悪い」という意見で一致しました。これが勢力均衡の結果です。ヨーロッパ全体がゲームに参加し、ロシアをめぐる勢力均衡策が一気に動いてしまうのです。

東アジアにはヨーロッパのような勢力均衡がありませんから、皆が一致してゲームに参加するわけではないのです。

韓国は南シナ海でのゲームに、まったく興味をもっていない。勢力均衡策を採らない東アジアでは、たとえ局地紛争が起きても地域全体には拡大せず、局地紛争のみに留まります。ここは東アジア秩序の良いところでもあります。

仮に中国が尖閣諸島を奪ってしまったとしましょう。日本がその行為を非難しているときに、いきなりインドやベトナムが中国寄りの立場で介入し始めたら日本人は反発するでしょう。尖閣諸島問題に介入されても日本人がまったく違和感をもたないのは、アメリカのみです。東アジアに勢力均衡概念を持ち込んで、実施しているのは、アメリカだけかもしれません。フィリピンを説得して中国と対峙させたりしながら、押したり引いたりしていくといった方策もそうです。

良くも悪くも、世界は多極の、新・勢力均衡の時代に入りました。このような時代に、日本はどういう政策を取るべきかが問われるのです。

自主防衛路線のイスラエル

トランプ氏が予想を覆して新大統領に就任したことによって、日本外交は厳しい局面を迎えるでしょう。外務省も官邸もこの結果を予測していませんでしたし、メディアも識者もうろたえていました。

ただし、ここでトランプ大統領から足元を見られるようなことを日本はするべきではありません。たとえば、すぐ「やっぱり米軍基地にもっとおカネを払います」などと言うべきではないと思っています。

トランプ大統領が事実上の同盟国の中で最も敬意を払っているのはイスラエルです。自前の防衛を調達し、自前の兵士を使って防衛する。イスラエルは国内に向けてヒズボラにロケット弾を撃たれたからといって、すぐにアメリカに「助けに来てください」とは言いません。

韓国はタカ派的要素もあり、アメリカと協調しながら軍事行動をする流れがほとんどの国民に理解されています。日本には、「アメリカにまるっとすべて守ってもらえるのだ」という幻想がいまだに存在しています。

しかし私たちは、「もはやアメリカは日本を守らないかもしれない」ということを、そろそろ考えに入れておくべきではないでしょうか。「カネを払えばいいのだ」という考えは、変化させるべきです。

私は日本の安全保障のために、米兵の命をカネで買うのは良いことではないと思っています。なぜそう思うかというと、民主主義の国が「この人を守ってあげたい」「仲間だな」と思ってくれるのは、相手がカネを出してくれたからではありません。「自分たちと似た人たちだから」「あの人は親切だから」「信頼できる人たちだから」といった理由があるからこそ、命がけで守ってくれるわけです。

カネを渡すだけで安全保障と同盟関係を担保できるという考えは、甘いのです。同盟関係をこれからも維持するのであれば、日本としてアメリカにどう向きあっていくのか。アジア太平洋の諸国とどう関係構築していくのか。トランプ大統領誕生によって、戦後七〇年間おざなりに済ませてきた安全保障観を、あらためて真摯に問い直すべきタイミングがやってきたのです。

TPPの挫折と東アジア経済圏

今回のトランプ現象をめぐり、外交の専門家はトランプ氏を非常に低く評価していました。トランプ氏がTPPをはじめとする国際的な取り決めを軽視する発言を続けてきたことが大きな要因です。

しかし、一般的に広まっている解説を見ると、TPPについての理解がズレていると感じる場面が実に多いのです。TPPは、単なるモノの貿易協定ではないし、特定分野の損得で語るべきものではありません。

TPPの大義は、これからの国際経済をどのようなルールで運用するか、東アジアにどのような経済圏をつくるかというものなのです。東南アジアのように国内政治に今なお不正が存在する国が、グローバリゼーションに身を投じれば何が起きるのか。もちろん、投資や貿易が増えるといった経済的な影響もあるわけですが、外の世界と交わることで生じる社会的な側面も大きいわけです。ＴＰＰのような国際協定を通じて、東南アジア諸国に今までなかった改革の種が蒔かれます。たとえば児童労働の禁止、男女間で公平な賃金の実現、環境規制などです。ただ単にＴＰＰによってアメリカ企業が有利になるのではなく、社会を発展させる進歩主義の良い部分が発揮されるのです。

たとえば、中国の大手国有企業がインドネシア政府と癒着して、インフラ開発の技術力が伴っていないにもかかわらず、鉄道や駅を造る契約をしてしまう。その陰では「袖の下」が大量に出回る。中国式が行き渡ると東アジアの経済圏は中国に似てきてしまうのです。新興国の政府調達のような前時代的な不正を駆《く》逐《ちく》するためには、ＴＰＰのような仕組みが効果を発揮します。ＴＰＰは実にさまざまな分野に果敢に切りこんでいます。

しかし、ＴＰＰは、オバマ大統領と民主党のせいで政治的に「死んで」しまいました。ＴＰＰが発効していれば、中国がこれからやるであろう「中華秩序」拡大に対抗できたにもかかわらず、です。残念なことです。

ＴＰＰが「死んだ」ことを受け、中国はこれからミャンマーやベトナム、マレーシアなど一国ずつ自由貿易協定を結ぼうとするでしょう。TPPによってまとまりかけていた東南アジア諸国を、中国は一国ずつ引き剝がしていくのです。

これから中国が覇権を拡大するスピードが加速化するでしょう。「中華秩序」における貿易体制は、それこそ何でもありになってしまうでしょう。中国は国益を押しつけ、自分たちが輸出したいものを輸出する。政府調達においては「袖の下」が大量に動き、労働条件も問題にされず、環境保護規制もされない経済圏が出来上がるのです。

トランプ氏がなぜTPPに反対したのかということは、ほぼ人気取りのポジショントークとして理解できると思います。本来、彼が従来の共和党支持層に加えて取り込もうとしていた白人労働者層は、TPPについての知識などほとんどありません。関心もごく低い。しかし、ヒラリー氏に立ち向かう以上は、民主党が労働者受けするために言いそうなことはすべて、争点とならないよう潰しておく必要があったのです。

加えて他の理由もあったかもしれません。アメリカがTPPをやる前に、まず国内での分配を先にやらなければならない。分配やインフラ投資を行い、流出しつつある自国の産業をいくらか取り戻したのち、自国の産業が海外に保有している資産を取り戻す。TPPをやるのはそれからだ。これがおそらくトランプ氏の発想なのではないでしょうか。

アメリカ頼り一辺倒の東アジア

アメリカの産業は日本とは違い、見込みのある産業が常に花開いている状態です。ただ、その産業が必ずしも全国各地で人を雇えるとは限りません。そんな中でイノベーションの種を蒔き、人々の生活を豊かにするためにはどうすればいいのでしょう。

政府が必要な公共投資を積極的に行い、需要を喚起するために減税する。貸し手が「これは非常に価値がある新しい産業だ」と思えば、そこに適切な利子をつけておカネを貸し出す。こういうサイクルが回転し始めればいいわけです。

先進国は多くの場合、少子高齢化で困っています。少子高齢化が進むとどうなるのでしょう。人口が減るだけでなく、買いたいものがなくなります。高齢者が関心があるのは医療や介護ですし、少子高齢化によって消費はますます冷えこみ、景気は悪循環へと向かいます。

イノベーションが起きないところに財政支出をしても、人々はもらったおカネを使って終わりです。効果は長続きしませんし、雇用も生まれません。アメリカの強いところは、常に新しいイノベーションが生まれている上に、移民が流入して人口増加が続いていることです。彼らは強い購買意欲をもっています。ドルの強さを生かし、アメリカは世界中からモノを買ってくれます。

そのような恵まれた素地の下で、分配を行い、公共事業をやった後に、自国に有利なTPPのバージョン・ツーをしかける。これがトランプ氏のシナリオではないでしょうか。しかし、先ほど申し上げたとおり、この間に東アジアで中国が伸長してきますから、その段階でTPP的な動きを再び始めても、手遅れかもしれない。だからこそ日本としては、貿易に対する考え方、国内で政府が関わる経済活動についての考え方を明らかにしておく必要があります。民間企業を圧迫するような形で国有企業が活動を展開することについて、どう思うのか。環境保護や政府調達の透明化をどう思うのか。そういったさまざまな考えを明らかにしておかなければいけません。

トランプ大統領の体制下で、アメリカには空前の好景気が訪れるでしょう。頭の中に八〇年代までの古いデータが入っている印象はありますが、トランプ大統領は経済をミクロの動きからボトムアップで考える人です。ここはさすが「不動産王」と呼ばれる経営者だけあります。

今の局面でミクロ経済がわかっている人を大統領となるのは、日本にとっても喜ばしいことです。トランプ大統領はアメリカの国益を第一に追求するでしょう。場合によっては日米間で厳しい交渉を行う局面もあるかもしれない。今はこの厳しい時代を耐え抜きながら、トランプ大統領のシナリオの流れを正確に読み解くべきときです。いずれにせよ、アメリカ経済が減速して日本に良いことは一つもありませんから。

本気度が問われる自主防衛路線

本章を結ぶにあたり、トランプ大統領誕生前後に垣間見えた興味深い発言をご紹介しましょう。

あわてふためく政府の中では、すでに「トランプ大統領が誕生した。日本が自前の防衛を調達できる好機だ」と捉える意見が出始めています。よく考えてみると、これはおかしな物言いです。自前の防衛をやりたいのであれば、トランプ氏が台頭する前から始められたはずです。そもそもアメリカは裏で「日本は防衛の負担を高めろ」と要求してきました。トランプ大統領誕生について「国内の左派を叩く好機だ」という考え方も、私は好きではありません。

トランプ政権の国家安全保障補佐官に就任したマイケル・フリン氏（元アメリカ陸軍中将、元国防情報局長官）は、選挙一カ月前の一六年十月十一日、日本を訪れて自民党の菅《すが》義偉《よしひで》官房長官や石破茂《いしばしげる》元防衛大臣、民進党の長島昭久《ながしまあきひさ》元防衛副大臣らと会談しました。非常に充実した会談であったと当事者らは語っています。

一方、マイケル・フリン氏は日本のメディアの取材に対して、「（日本は）自分で何をしたいか考えをまとめてから来い」と言い放っています。

この言い方はかなり乱暴ですが、残念ながら彼の言うとおりです。日本はどういう同盟国であるのか。アメリカに御用聞きに行くのではなく、戦々恐々とするわけでもない。自分たちがどういう国でありたいのか、同盟のあり方を見つめ直すべきときがやってきたのです。

自由はタダではありません。平和もタダでは得られないのです。世界はこれからどんどん相互依存を高めていきます。究極的にはわれわれは、経済的相互依存を通じて世界の平和へと向かっていくはずですが、その道のりには多くの危険が存在します。そんな変化の速い世界を泳ぎ渡っていく上で、私たち日本人はぜひとも将来世代のために必要な議論を行い、判断していくべきだと思います。

あとがき

日米同盟は、大方の予想を覆して当選したトランプ大統領の登場によって、明らかに動揺しています。「冷戦後」と定義される時代に終止符を打った、まるで事件のような年が二〇一六年でした。そんな中、私たちは平和がタダではないという認識とともに、平和を実現するための具体的な方策について向き合うチャンスを逃してはならないと思います。

思えば、二〇一六年五月のオバマ大統領の広島訪問は、歴史的と形容するにふさわしいものでした。一部には、「謝罪」がなかったという意見や、核廃絶への実質的な進展が見られないことを指摘する声はあったものの、圧倒的多数の国民も訪問を評価していました。「広島と長崎は惨禍の記憶としてではなく、新しい倫理的な目覚めとして記憶されるべき」とする大統領の演説は、アメリカの理想主義を体現する格調高いものでした。米国大統領の広島訪問は、このタイミング、この大統領の下でしか実現しえなかったという意味で、一つの歴史的邂逅《かいこう》であったと思います。

同時に頭に浮かぶのは、訪問が実現した時代性という視点です。オバマ大統領の広島訪問には、「日米の和解」と「核廃絶」という二つの歴史的意義が宿されているわけですが、その双方が岐路に立っていると感じるからです。大統領の訪問が現在理解されている次元を超えて、歴史的意味をもつことになってくるのではないか、という予感があるのです。一見よく練られた外交成果の裏には、日本に突き付けられた重要な問いがあると思っています。それは、同盟を「必要悪」とする考え方を今後も続けるのかどうかという問いです。

大統領の広島訪問を日米の和解として理解するには、戦後の保守がたどってきた精神構造を探る必要があります。端的に言えば、戦後保守が日米同盟を「必要悪」として選び取ってきたという現実と、どのように向き合うのかということです。

敗戦の焼け跡から復興の道を歩んでいた戦後初期の日本にとって、日米同盟の現実を受け入れる以外に選択肢はありませんでした。日米同盟はその誕生の瞬間から、早期に独立を回復するための「必要悪」でした。一九六〇年の安保改定の時代には世論の左傾化が進んでいる一方で、東西冷戦も厳しいものがありました。岸内閣が刺し違える形で成立させた新安保条約も、冷戦の現実を踏まえた「必要悪」として同盟を強化したのでした。

日米同盟が三度岐路に立たされたのが冷戦終結後の一九九〇年代です。同盟の漂流が指摘される中、沖縄少女暴行事件の余波もあって同盟への支持は揺れていました。冷戦が終わりを告げ、日本の安全保障をどのように担保していくか、という根本的な問いが存在した瞬間でした。このとき、戦後保守は日米同盟を否定するのではなく「再定義」することを選んだわけですが、その理屈も、ほとんどの場合は、日米同盟以外に選択肢がないからという消去法的なものでした。直近でも、米軍の不祥事が明らかになるたび「必要悪」言説が溢れるのは、ある意味で、戦後保守の日米同盟を語るロジックが一貫していることの証左であるとも言えるでしょう。

そこには二つの理由がありました。一つには、日本国内に左翼的言説が根強く残っているからです。軍事同盟を悪とみなし、絶対的な平和を希求する心情は今もって日本社会で一定の存在感を有しています。そのような層にも配慮が必要であるからこそ、「そうは言ってもしょうがない」という理屈が必要になるわけです。

そしてもう一つが、原爆に象徴されるアメリカへのわだかまりです。アメリカへのわだかまりは、草の根の反米主義として、保守政治を支えるエネルギー源となってきました。しかし、政権を担う保守には責任が伴うため、左翼のようなむき出しの反米主義は採れません。他方で、保守としては米国との同盟を国家存立の根本におくことにいわば「気持ち悪さ」がある。戦後保守の屈折した感情の結果が、日米同盟を必要悪とみなす歪《いびつ》な発想なのです。
であるとすれば、今回問われるべきは、オバマ大統領の広島訪問は戦後保守の論理構成を変えるだけのインパクトがあったのかということです。二〇一五年の最大の政治的テーマであった安保法制の整備は、日米同盟を「普通の同盟」に一歩近づけるという意義をもっていました。日米同盟とは、両国が強調するような相互利益と共通の価値観に基づくものなのか、単に必要悪として必要悪なりに強化されるものなのか。世界に占めるアメリカの存在が圧倒的でなくなりつつあるからこそ、この問いの重要性が増しているのです。同盟をどのように捉え、時代性に即した支持をどのように国民から獲得するのか。その答えが、日本の将来を大きく左右することとなるはずです。

トランプ大統領は、これから「冷戦後」からの脱却に取り組むことになるでしょう。ロシアを敵とみる典型的な冷戦思考から抜け出るのも、経路依存的な国益の定義を考え直すのも、楽な作業ではありません。

そのように試行錯誤するアメリカに立ち向かうとき、私たちはアメリカとの同盟を再度定義しなおすとともに、自分たちの歩んできた戦後を最終的に総括し、脱却することになるのかもしれません。

本書刊行にあたっては月刊誌連載の担当をしていただき、それをもとに出版のお話につなげてくださった潮出版社の上野和城氏にお世話になりました。資料整理では荒井香織氏にお世話になりました。感謝します。

オーランドのゲイクラブ、パルス銃撃事件で勇敢に逃げ惑う人々を救出し、その後二〇一六年九月十一日に自ら命を絶った青年クリスとその元恋人ジムに本書を捧げたい。犯人への憎しみではなく、世界に愛を増やすことの重要性を語ってくれたジムへ、大切なメッセージを伝えてくれて、ありがとう。

著者

二〇一六年十二月三十一日

参考

1 FiveThirtyEight「538」のサイトは以下。http://fivethirtyeight.com/

2 TPPには日本、アメリカ、カナダ、メキシコ、チリ、ペルー、マレーシア、シンガポール、ベトナム、ブルネイ、オーストラリア、ニュージーランドの一二カ国が参加しています。

3 BBC日本版のウェブサイトで、日本語の字幕つきのショートフィルムが公開されています。URLはこちらです。http://www.bbc.com/japanese/video-36185534

4 BNCのホームページは以下。https://brandnewcongress.org/

5 あまりにも口汚い発言のため、引用は差し控えます。興味がある読者は、ワシントン・ポストのウェブサイトに掲載されている記事「Trump recorded having extremely lewd conversation about women in 2005」にアクセスしてみてください。

6 NHKによる討論会全訳より引用。http://www3.nhk.or.jp/news/special/2016-presidential-election/debate6.html

7 席上での、オバマ大統領のスピーチは、ホワイトハウスのウェブサイトに全文が掲載されています。https://www.whitehouse.gov/the-press-office/2016/05/01/remarks-president-white-house-correspondents-dinner

8 共和党大統領候補者討論会、CNN主催、ヒューストン、二〇一六年二月二十五日。

9 Ross Douthat, "The Elements of Trumpism," *The New York Times*, March 5, 2016.（「トランプ現象の要素」）http://www.nytimes.com/2016/03/06/opinion/sunday/the-elements-of-trumpism.html

10 原文は以下。"What we are going to do is get the people that are criminal and have criminal records — gang members, drug dealers, we have a lot of these people, probably two million, it could be even three million. We are getting them out of our country or we are going to incarcerate."（二〇一六年十一月十四日、ニューヨーク・タイムズより引用）http://www.nytimes.com/2016/11/15/us/politics/donald-trump-deport-immigrants.html

11 この分析はパーカー氏という退役軍人の黒人の研究者が近年明らかにしたものです。日本語での紹介は、三浦瑠麗「学界展望　国際政治」『国家学会雑誌』一二七巻、一・二号、二〇一四年二月　をご覧ください。原著はこちらです。Christopher S. Parker, *Fighting for Democracy: Black Veterans and the Struggle Against White Supremacy in the Postwar South*, Princeton University Press, 2009.

12 このあたりの経緯を日本語でさらに読まれたい方は、以下の本をご参照ください。久保文明編『G・W・ブッシュ政権とアメリカの保守勢力――共和党の分析』財団法人日本国際問題研究所、二〇〇三年。

13 独ソ不可侵条約締結を受けた、平沼騏一郎内閣総理大臣の一九三九年八月二十八日談話での言葉。

14 John Hudson, "Exclusive: Prominent GOP Neoconservative to Fundraise for Hillary Clinton,"

Foreign Policy, June 23, 2016. http://foreignpolicy.com/2016/06/23/exclusive-prominent-gop-neoconservative-to-fundraise-for-hillary-clinton/

15 リチャード・ニクソン『ニクソン回顧録（第一部）』小学館、一九七八年　を参照してください。

16 Barry Buzan, Ole Wæver, Jaap de Wilde, *Security: A New Framework for Analysis*, Lynne Rienner Publishers, 1998.

三浦瑠麗　みうら・るり（国際政治学者）

一九八〇年神奈川県生まれ。東京大学農学部卒業。東大公共政策大学院修了。東大大学院法学政治学研究科修了。法学博士。専門は国際政治。現在、東京大学政策ビジョン研究センター講師。著書に『シビリアンの戦争』『日本に絶望している人のための政治入門』。

潮新書 006

「トランプ時代」の新世界秩序

2017年 2月 1日 初版発行
2017年 2月 20日 5刷発行

著 者｜ 三浦瑠麗
発行者｜ 南 晋三
発行所｜ 株式会社潮出版社
〒102-8110
東京都千代田区一番町6 一番町SQUARE
電話 ■ 03-3230-0781（編集）
■ 03-3230-0741（営業）
振替口座 ■ 00150-5-61090

印刷・製本｜ 中央精版印刷株式会社
ブックデザイン｜ Malpu Design
写 真｜ 富本真之

ISBN978-4-267-02076-6 C0295